정부출연연구기관 OB가 쓴 재미있고 유익한 청렴 이야기

청렴인문학
청렴, 그 길을 묻다!

청렴전문강사 **박종성** 지음

도서출판 **행복에너지**

청렴, 그 길을 묻다!

초판 1쇄 발행 2025년 11월 11일

지 은 이	박종성
발 행 인	권선복
편 　 집	한영미
디 자 인	서보미
마 케 팅	권보송
전 자 책	서보미
발 행 처	도서출판 행복에너지
출판등록	제315-2011-000035호
주 　 소	(157-010) 서울특별시 강서구 화곡로 232
전 　 화	0505-613-6133, 010-3267-6277
팩 　 스	0303-0799-1560
홈페이지	www.happybook.or.kr
이 메 일	ksbdata@daum.net

값 22,000원
ISBN 979-11-994420-5-4 (13190)

Copyright ⓒ 박종성, 2025

* 이 책은 저작권법에 따라 보호받는 저작물이므로 무단전재와 무단복제를 금지하며, 이 책의 내용을 전부 또는 일부를 이용하시려면 반드시 저작권자와 〈도서출판 행복에너지〉의 서면 동의를 받아야 합니다.

도서출판 행복에너지는 독자 여러분의 아이디어와 원고 투고를 기다립니다. 책으로 만들기를 원하는 콘텐츠가 있으신 분은 이메일이나 홈페이지를 통해 간단한 기획서와 기획의도, 연락처 등을 보내주십시오. 행복에너지의 문은 언제나 활짝 열려 있습니다.

정부출연연구기관 OB가 쓴 재미있고 유익한 청렴 이야기

청렴, 그 길을 묻다!

청렴전문강사
박종성 지음

청렴
인문학

머리가 아닌 마음으로 만나는 청렴교육
공직자와 일반 국민이 함께 만드는 선진 대한민국을 위하여

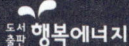

서문

    2019년 5월 국민권익위원회 청렴연수원으로부터 청렴전문강사 자격을 위한 최종 합격 통보를 받았다. 지난 1년여 세월, 결코 쉽지만은 않았던 과정이었기에 기쁜 마음은 당연했다. 그것도 우리 나이 65세라는 만만치 않은 인생 후반부의 결과이니 더욱 그랬다.

    그러나 그 기쁨도 잠시, 곧이어 심각한 고민에 빠질 수밖에 없었다. 이유는 딱 하나, 과연 잘할 수 있을지에 대한 의문 때문이었다. 그도 그럴 것이 나 역시 지난 2017년 국책연구기관(정부출연연구기관)인 한국건설기술연구원에서 33년간의 공직생활을 모두 마치고 정년퇴임을 했는데, 그전에 소위 '청렴교육'이란 것을 한 차례인지 두 차례인지 이미 받아본 경험이 있었기 때문이다.

    반부패 관련법 중 대표법이라 할 수 있는, 일반 국민에게는 '김영란법'으로도 더욱 알려진 '청탁금지법'이 2016년 9월에 제정되었기에, 이에 따른 법정 교육인 '청렴교육'을 받았는데 그 기억은 정말 힘들었다.

    어려운 법률 용어, 잘못을 저지르면 징역 몇 년에 벌금은 얼마라는 등 절대다수의 수강자들과는 도대체 거리가 먼 2시간 동안의 교육은 그간 수없이 들어온 어떤 교육보다도 수강에의 집중도라든가 흥미도 또한 크게 떨어졌다. 지금 회상해 보면 당시 수강자의 80% 정도는 점심식사 후 노곤함을 구실 삼아 꿈나라를 헤맸다.

그런데 이제 시간이 흘러 거꾸로 내가 그 강단에 서게 되었으니, 걱정이 앞선 것은 당연했다. 그래서 목표를 세웠다. 나는 80%의 전멸 상태를 50% 이내로 끌어들이자고!

그렇다면 어떻게 교안을 만들고 어떤 방식으로 강의를 해야 할까? 기존의 법 위주, 사례 위주의 방식은 결코 해결 방식이 아닐 것이라 판단했다.

수강자 입장에서 볼 때, 자신이 부정부패를 하지 않는다면 굳이 그 법의 내용을 알 필요도 없고, 또 사례라는 것이 하나같이 부정한 범법에 대한 이야기들이니, 더더욱 절대다수의 수강자들 본인과는 거리가 먼 내용으로 구성되어 있었다.

그래서 착안한 것이 기존의 법률 위주로 된 청렴교육 방식에, 모르면 불이익을 당할 수 있는 꼭 필요한 법 내용만 최소한으로 전파하고, 나머지는 보다 흥미로운 내용으로 구성해 보자는 결론에 이르렀다. 한마디로 법에 있으니 무조건 따라야 하고 따르지 않으면 불이익을 당한다는 피동적인 교육을 떠나, 스스로 청렴 의식을 키우고 나의 청렴이 국가와 우리 사회의 청렴 구축에 곧바로 기여할 수 있다는, 보다 능동적인 교육을 펼치고 싶었다. 해서 이 청렴교육에 인문학을 과감히 도입해 보자는 구도가 그려지게 된다.

마침, 내가 정년퇴임 후 곧바로 시작한 것이 인문학 강의였다. 평소 인문학에 상당한 관심이 있었고, 특히 우리나라 전쟁 역사와 이에 따른 우리의 자세를 어떻게 결합시킬지에 대해 많은 생각을 해 왔었다.

그러다 지난 2017년 사드 배치에 따른 중국의 무차별 난타를 맞으면서 우리 젊은 세대에게 국가관과 역사관을 함양시킬 절대적인 필요성을 느끼게 되었고, 이에 정년퇴임 후 역사 부문 인문학 강의를 시작하면서 지금까지도 청렴강의와 병행하고 있다. 이러한 역사 부문 인문학 강의는 특히 군부대 등에서 장병들에게 최고의 정신교육 자료라는 평판을 듣고 있다.

여기에서 한 가지 재미있는 사실은 이미 청렴교육 시간을 이수한 공공기관들이 청렴 대신 인문학 특강을 요구하는 경우도 있어 몇 차례 실행한 바도 있다.

이렇게 해서 만들어진 것이 바로 이 저서, 청렴인문학 『청렴, 그 길을 묻다!』이다. 특히 본서는 인문학을 중심으로 구성되어 있긴 하지만 그 못지않게 중요한 부문으로 실제 현실적인 문제를 함께 다루었다는 특징이 있다. 그동안 강의 현장에서 느낀 것은 바로 이 부문에서 수강자들의 집중과 관심이 최고도에 이르고 있다는 점이다.

　정년퇴임 후 가장 절실하게 다가왔던 변화는 내가 더 이상 어떤 조직의 일원이 아닌, 모든 것을 나 홀로 오롯이 감당해야만 한다는 강한 고립감이었다. 조직 내에 있을 때는 내가 맡은 일에만 충실하면 그것으로 충분했다. 다른 부족함은 또 다른 동료들이 대신해 줄 수 있었기 때문이다.

　그런데 안타까운 사실은 이러한 엄청난 사실을 조직 내에 있을 때는 거의 모르거나 막연히 느끼다가 조직 밖으로 밀려나서야 제대로 절감할 수 있었다는 점이다. 그것은 우주선을 타고 지구 밖으로 나가 지구 전체를 보게 된 우주인들이 그때서야 지구 안에서 본 단편적인 시각을 떠나 비로소 지구가 너무도 아름답다는 사실을 알게 된 이치와 크게 다르지 않다.

　즉 조직 내에 있을 때는 조직의 중요성과 고마움을 느끼지 못하다가 정년퇴임 등 조직 밖으로 나와서야 불현듯 조직의 실체를 느끼게 된다. 바로 이 점은 개개인의 정도 차는 있겠지만 조직을 떠난 거의 모든 사람들이 공통적으로 받아들이는 대단히 냉엄한 현실이다.

　여기에서 이토록이나 중요한 조직에 대해 100% 현직에 종사하고 있는 수강자들에게 자신이 소속된 조직을 위해 최선을 다하라는 절대 명제를 부여한다.

즉 조직의 발전이 본인의 발전이며, 역으로 조직이 망하면 본인도 망할 수밖에 없다는 지극히 단순한 논리이다. 아쉽게도 우리 모두는 너무도 단순한 논리를 때때로 망각하며 살아가고 있는 것은 아닌지 모르겠다. 정년퇴임자이기 때문에 절절히 느껴지는 이 사실을 현직에 있는 후학들에게 직설하고 있는 것을 다행히도 강의 현장에서는 뜨겁게 받아들이고 있다.

꿈나라를 헤매는 수강자를 50% 이내로 끌어들이자는 최초의 생각은 엄청난 기우였다. 지금은 언제나 뜨거운 열기와 팽팽한 긴장감이 강의실을 온통 감싸고 있다.

이 지면을 빌려 그동안 수많은 강의에서 적극적으로 참여한 수강자 여러분께 깊은 감사를 드린다.

그러나 강의만을 통해서는 이러한 내용 전파가 시공간적으로 분명한 한계점도 존재했다. 해서 강의 상황을 중심으로 하되 미처 나누지 못한 많은 이야기를 본서에 담았다.

부디 이 저서가 일선에 있는 우리나라 공직자 및 더 나아가 일반 국민들이 청렴사회를 구축함에 있어, 보다 분명한 불빛과 방향을 밝히는 등대와 나침반이 되기를 기대한다.

을사년(2025년) 10월,
청렴전문강사 박종성

추천사

전근룡 | 세계인문학 연구원 대표교수

역사를 돌이켜보면 나라와 공동체를 바르게 세운 힘은 언제나 '청렴'에서 비롯되었습니다. 권력과 부를 움켜쥐려는 자들이 세상을 흔들 때도, 청렴을 가슴 깊이 지닌 인물들은 끝내 역사의 등불로 기억되었습니다. 청렴인문학 『청렴, 그 길을 묻다!』는 바로 그 변치 않는 진리를 오늘의 우리에게 전하고 있습니다.

이 책을 펼치는 순간, 독자는 단순한 지식의 나열이 아니라 삶의 울림을 만나게 됩니다. 저자 박종성 강사께서 평생을 걸쳐 실천하고 전해 온 청렴의 메시지는 단순한 구호가 아니라, 가슴을 흔드는 감동이자 삶을 바꾸는 힘입니다. 그의 강의를 들은 수많은 이들이 눈시울을 적셨듯, 이 책 또한 독자의 마음에 깊은 울림을 남길 것입니다.

『청렴, 그 길을 묻다!』는 과거의 지혜와 오늘의 고민을 이어주는 다리입니다. 역사가 보여주는 진실과 저자의 성찰이 어우러져, 우리 모두에게 '어떻게 살아야 하는가'라는 근원적 질문을 던집니다. 그리고 그 대답은 의외로 단순합니다. 바르게, 투명하게, 흔들림 없이 살아가는 것. 그것이 개인을 빛나게 하고, 가정을 따뜻하게 하며, 사회를 건강하게 만드는 길임을 이 책은 다시 일깨워 줍니다.

저는 이 책이 단지 한 권의 저술로 머무르지 않고, 더 많은 사람들의 삶을 바꾸는 씨앗이 되리라 확신합니다. 『청렴, 그 길을 묻다!』를 읽는 독자 한 사람 한 사람이 맑은 물줄기가 되어 모인다면, 우리 사회는 반드시 투명하고 따뜻한 강이 될 것입니다.

이 귀한 책을 세상에 내놓아 주신 박종성 강사님께 진심으로 경의를 표하며, 이 책을 읽는 모든 분이 삶 속에서 청렴의 꽃을 피워내기를 간절히 바랍니다.

CONTENTS

서문	005
추천사	010

I

청렴 및 반부패 관련법 개관
청렴마인드 형성을 위한 기초 다지기

1 청렴이란 무엇인가 – 맑은 손, 밝은 마음의 시작	018
2 왜 지금, 청렴인가 – 통계가 말해주는 현실 인식	027
3 공직자 및 일반인을 위한 청렴 관련법 핵심 가이드	044

II

인문학적 소양
선현들의 삶에서 배우는 청렴의 품격

1 조선 청백리 – 그 고귀한 삶의 흔적	102
2 사불삼거(四不三拒) – 조선 관리의 올곧은 청렴 결기	132
3 다산(茶山)의 출사표 –공정과 청렴의 다산 철학	141
4 다산(茶山)의 세 가지 청렴 – 재물, 색, 직위	147
5 신흠, 대쪽 같은 조선 선비정신의 숭고한 결정체	154
6 법정 스님의 무소유 – 비움에서 시작되는 청렴	158
7 뛰어난 인간관계의 대가 – 전국시대 맹상군	162
8 서산대사 – 인생의 삶과 죽음을 말하다	170
9 꽃과 쓰레기 – 무엇을 선택할 것인가, 어떤 삶을 누릴 것인가	173

III

현실 속 파노라마
인생 현장에서 만나는 청렴 낙수

1 우리나라 임금 현황 – 행복의 기준점은 어디일까	178
2 조직과의 일심동체 – 이 뗄 수 없는 질긴 인연	182
3 권력과 갑질, 그 기묘한 상관관계	198
4 시공여사(視公如私) – 네 돈이라도 그렇게 쓸래?	213
5 정년퇴임 후 알게 된 삶의 진실	219
6 무엇으로 사는가 – 청렴이라는 나침반	231
7 흔들려서도 멈춰서도 안 될 청렴의 길	235
8 서시(序詩) – 영원한 청년 시인, 청렴을 노래하다	238

맺음말	242
출간후기	246

▌(본 저서 중심의) 강의 개요 및 수강기관 평가 ▌

- **강의의 주요 특징**

  - 기본적으로 꼭 인지하여야 할 최소한의 관련 법률 전파와 함께, 현직 인문학 강사로서 인문학적 청렴 소양을 보다 더 흥미롭게 전개함으로써, 관련법의 억제력 때문에 청렴해야 한다는 강제적 마인드가 아닌, 인성적 청렴의 필요성을 수강자 스스로 느낄 수 있도록 구성

  - 정년퇴임 공직자 신분에서 본 퇴임 전과 후의 엄청난 현실 차이를 소개하여, 조직에의 애사심 함양과 최선을 다해 근무하여야 할 당위성 강조

- **수강기관 교육 책임자들로부터 수강 후 평가 내용**

  - A 중앙부처 : 역대 초빙강사 중 최고의 압도적인 강의
  - B 중앙부처 : 청렴강의를 2시간 동안 단 한 번도 졸지 않고 수강한 것은 처음
  - C 공기업체 : 너무도 열정적인 강의에 최고의 찬사 표시
  - D 연구기관 : 찡한 여운을 넘어 잊지 못할 감동 부여
    청렴철학과 인문학의 융합으로 엄청난 시너지 발생
    각계각층의 모든 국민이 적극 수강할 것을 강력히 권고
  - E 지방의회 : 후학들을 위해 지속적인 울림 있는 본 강의를 모든 관련 기관에 전방위 시행 희망

· F 문화재단 : 본 강의는 공공기관뿐만 아니라, 민간 기업이나 단체에도 더욱 필수적인 내용

• **수강 결과 공통적인 평가 내용**

· 이런 형태와 내용을 지닌 청렴교육은 처음 수강
· 열정과 철학으로 가득 차 있어 향후 계속 초빙 희망
   – 국무조정실 3년(2022년, 2023년, 2024년) 연속 강의!

1. 청렴이란 무엇인가 – 맑은 손, 밝은 마음의 시작
2. 왜 지금, 청렴인가 – 통계가 말해주는 현실 인식
3. 공직자 및 일반인을 위한 청렴 관련법 핵심 가이드

I

청렴 및 반부패 관련법 개관

| 청렴마인드 형성을 위한
기초 다지기 |

1
청렴이란 무엇인가
맑은 손, 밝은 마음의 시작

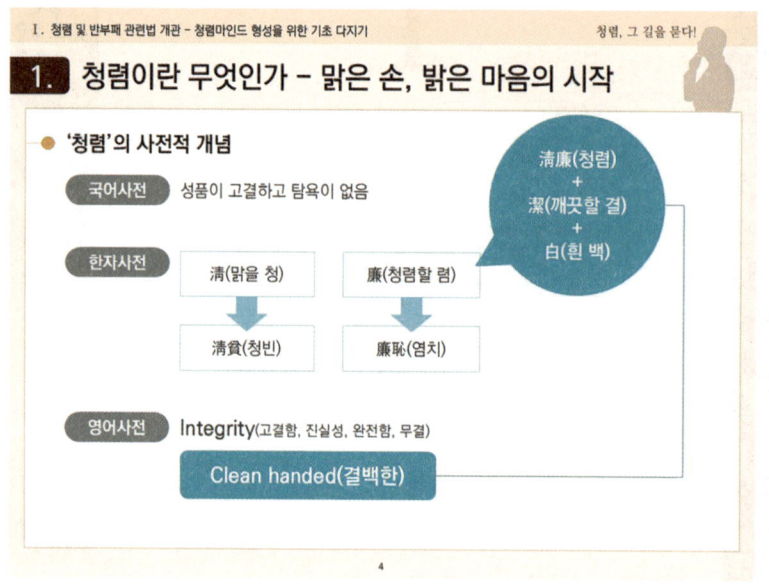

 우리가 어떠한 단어를 머릿속에 떠올리게 되면 그것이 무엇을 의미하는지는 자동으로 즉시 전개가 된다. 그러나 아무리 평범한 단어라 하더라도 그 의미나 개념을 보다 구체적이고 논리적으로 설명해 보라고 한다면 이게 결코 쉬운 일은 아니다.

따라서 청렴이란 점 역시 이와 다를 바 없다. 평소에 워낙 많이 사용하고 있는 청렴이란 용어이지만, 이를 제대로 풀이해 설명하라 한다면 역시 더듬거릴 수밖에 없다. 그래서 이 용어에 대한 정확한 개념을 우선 파악하기 위해 사전에서는 어떻게 설명하고 있는지 한번 살펴보기로 하자.

먼저 국어사전에서는 '청렴'을 "성품이 고결하고 탐욕이 없다"라고 설명하고 있다. 그리고 한자사전에서는 '맑을 청(淸)'과 '청렴할 렴(廉)' 자를 쓰고 있는데, 여기에서 파생된 단어로 깨끗한 가난함을 의미하는 '청빈(淸貧)'과 우리가 일상생활에서도 많이 사용하고 있는 "저 사람은 염치가 있다, 없다" 표현에 쓰이는 '염치(廉恥)'라는 것이 있다.

그러면 여기에서 '염치'란 말은 또 어떤 의미일까? 역시 설명하기 쉽지 않다. 그런데 간단하게 한자의 '치(恥)' 자가 무엇을 의미하는지만 안다면 그 설명은 대단히 쉬워질 수 있다. 여기서 이 '치(恥)' 자는 '부끄러울 치' 자이다. 즉, "자신이 한 말과 행동에 대해 부끄러움을 아느냐 모르느냐"를 놓고 "염치가 있다, 없다"로 설명할 수가 있다.

근래에 각종 미디어의 기사를 보게 되면 정말 우리 사회가 왜 이렇게 흉흉해졌는지 한스러울 때가 많다. 보이스 피싱이나 전세 사기 같은 범죄는 이제 아예 일상화가 되어 나라 전체가 거대한 사기 공화국이 되어버린 느낌이고, 한갓 미물도 제 새끼만은 목숨 바쳐 보듬는 법인데 자신들이 낳은 어린 아기를 어떻게 했다든지, 또 아무 연고도 없는 멀쩡히 길 가던 사람을 흉기로 휘둘러 또 어떻게 했다든지, 더 나아가서는 노약한 자기의 친부모에게까지 폭력을 휘둘렀다는 등의 뉴스들이 하루가 멀다 하고 반복되고 있다.

한마디로 사람이라면, 인간이라면, 절대로 해서는 안 되고 입으로라도 차마 떠올릴 수 없는 그런 비인간적이고 비윤리적인 해괴한 행태들이다.

도대체 그 이유가 뭘까?

나는 그 원인을 우리 사회가 이 염치란 것이 상실된 시대에 살고 있기 때문이 아닐까, 보고 있다. 따라서 우리 사회가 보다 사람답게 살아갈 수 있는 사회가 되기 위해서는 이 상실된 염치를 시급히 복구하는 것이 가장 급선무가 아닐까, 생각한다.

우리 세대는 젊은 시절까지만 하더라도 공자 왈, 맹자 왈 하며 고답적인 유교 교육을 받아왔다. 그때는 도대체 이런 교육이 우리 실생활에 무슨 도움이 될까 하는 생각을 가져본 적도 있었다. 그러나 그 시절엔 이런 비인간적, 비윤리적 모습은 결코 흔치 않았다.

결국은 이런 기본적인 인간성이 무너지면서 염치란 것도 같이 무너져 오늘날 같은 혼탁함이 횡행하게 되었으니, 차라리 저 옛날로 돌아가고 싶은 아련함 또한 매우 크다.

아울러 우리 사회에서는 '파렴치(破廉恥)'라는 말도 자주 쓰고 있다. 여기에서 파는 '깨뜨릴 파(破)' 자이다. 즉 염치가 없는, 이른바 '몰염치'를 파렴치라는 말로 쓰고 있는데 더 이상 우리 사회가 파렴치한 사회가 되어서는 안 되겠다.

청렴전문강사의 특성상 전국에 산재된 국가기관과 공공기관을 직접 찾아가 공직자를 만나게 된다. 그렇게 가서 보면 한 가지 공통점이 있다. 그것은 공직자들의 연령대가 소위 MZ 세대라 하여 비교적 젊은 공직자들이 상당히 많이 근무하고 있다는 점이다.

그런데 모두가 그런 것은 아니겠지만, 보편적으로 볼 때 이 젊은 MZ 세대의 공직자들에게 일반적인 취약점이 한 가지 있다. 그것은 한자에 대해 너무도 알지 못한다는 점이다. 어떤 공직자들은 우리말이 아닌 한자를 왜 배워야 하냐며 되묻는 사람들도 있다.

그러나 아무리 자기 부정을 하고 싶어도 한자를 전혀 모르는 사람은 우리말의 깊이를 결코 제대로 알 수가 없다. 그 이유는 굳이 설명치 않아도 좋을 것이다. 그렇다고 이 상황의 책임을 그들에게만 돌릴 수도 없다. 나만 해도 학창시절에 공식적인 한자교육을 받았다.

그러나 언제부터인지는 모르겠지만 우리 공교육의 커리큘럼에서 이 한자교육이 상당 기간 도외시 되었다. 그러니 오늘날 이 같은 어려움을 맞이하고 있는데 그 대표적 현상으로 문해력이 크게 떨어지고 있다는 기막힌 실태이다.

예를 들면 어느 고3 교실에서 "심심한 사과를 드린다"라고 했더니 "이왕이면 맛있는 사과를 주지 왜 맛없는 사과를 주느냐"라는 엉뚱한 말이 나오고, 한 어린이집에서는 보육교사가 문자로 어린이들 보호자들에게 "우천 시(雨天 時) 행사가 취소될 수 있다"라고 보냈더니 "우천 시(市)가 어디에 있느냐"라며 되묻는 어머니가 있었다는 이야기도 있다.

다행히 요즈음은 중학교에서도 한자교육을 시키고 있는 것으로 알고 있다. 어쨌든 특히 MZ 세대 공직자 여러분께 간곡히 요청을 드리니 최소한의 한자공부를 꼭 하셨으면 좋겠다. 일부러 돈과 시간을 내어 학원 등에서 제2외국어 강습도 받고 계시지 않은가?

그리고 영어사전에서는 청렴을 'Integrity'로 표기하고 있다. 이 단어는 우리가 평소에 그리 자주 사용하는 것은 아니어서 분명 낯설다. 그러나 중학교 1학년만 되어도 누구나 알 수 있는 가장 쉬운 단어인 'Clean handed'. 두 단어가 합성되어 결백하다는 뜻으로 역시 청렴을 의미하고 있다.

청렴연수원 내 위치한 Integrity 상징물

여기에서 나는 한 가지 의문점이 들었다. 그렇다면 과연 이 청렴이라는 개념을 두고 동양인들과 서양인들은 각각 어떻게 받아들이고 있을까?

청렴이란 단어는 이 말만 단독으로 사용되기보다는 뒤에 '결백'이라는 단어가 바로 따라붙어 '청렴결백'이라는 표현으로도 많이 쓰인다. '깨끗할 결(潔)' 자와 '흰 백(白)' 자이다.

자, 그러면 여기에서 'Clean handed'와 이 청렴결백을 18p의 그림에서와 같이 함께 묶어 살펴보자. 그 개념이 정확하게 일치하고 있음을 알 수가 있다. 즉 청렴이란 말 그대로 깨끗한 손이다. 안에 숨긴 음흉함을 떠나 겉으로 드러난 깨끗한 손이 바로 청렴으로, 이 청렴의 개념은 동양이나 서양이나 결코 다르지 않음을 보여주고 있다.

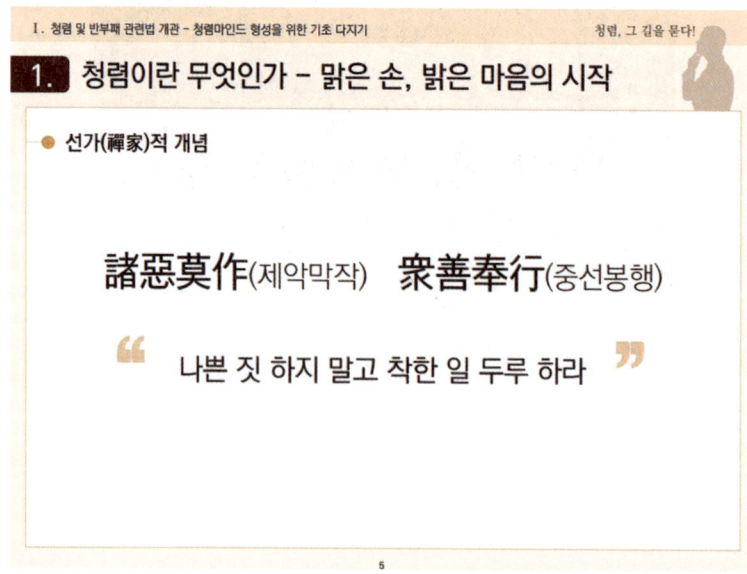

> 한줄요약 ➡ 청렴: 깨끗한 손!

그럼 이러한 사전적인 의미 말고, 정말 우리 일상에서 "청렴이란 바로 이런 거야"라고 단 한마디로 확실히 대체할 수 있는 말은 없을까? 이 대목에서 상당한 시간과 노력을 기울여 여러 서적도 찾아보고 많은 사람들과 대화도 나누었지만, 쉽사리 원하는 것을 찾지는 못했다. 그러나 "바로 이거야" 하고 무릎을 탁 치게 만든 글귀가 있었으니 바로 선가에서 발견하였다.

'칠불통계(七佛通戒)'라는 선가의 말씀 중 **'諸惡莫作(제악막작) 衆善奉行(중선봉행)'**이 바로 그것이었다. 이 말을 풀어보면 바로 **'나쁜 짓 하지 말고 착한 일 두루 하라'**는 뜻인데 더 이상 청렴을 놓고 이러니저러니 말이 필요 없는 최고의 함축이다.

사전적인 여러 설명을 전혀 몰라도 되고, 관련법 몇 조 몇 항 또한 몰라도 된다. 그런 것 다 몰라도 내가 나쁜 짓 안 하고 착한 일만 두루 한다면, 그 자체가 맑고 밝은 청렴인데 무엇을 더 알 필요가 있을 것인가!

모든 공직자들이 이 여덟 글자, '제악막작 중선봉행' 정신을 가슴 속에 담아두고 산다면 아마도 우리나라는 최고의 청렴국가가 되지 않을까?

諸惡莫作 衆善奉行(제악막작 중선봉행) 표지석 : 이천 영원사 소재

2

왜 지금, 청렴인가
통계가 말해주는 현실 인식

　그러면 이러한 청렴을 우리는 왜 해야 하는 것일까? 청렴하지 않으면, 즉 부정한 행위를 한다면 법에 의해 구속되는 등 불이익을 당하니까, 아니면 주위 사람들로부터 비난의 손가락질을 받을 수도 있으니까 등등. 뭐 그럴 수도 있을 것 같다.

　아니, 이런 것이 오히려 주된 이유라고 할 수도 있을 성싶다. 그러나 그러기에는 대한민국 최고의 엘리트층이라 할 우리 공직자들을 너무 폄하하는 것은 아닐까?

　이런 지극히 수동적인 이유 말고 '보다 능동적인 이유를 표방하며 이래서 우리가 청렴해야 한다는 결론을 내릴 수만 있다면, 정말 품격 높은 공직자상이 될 수 있지 않을까?' 해서 지금부터 3개의 신뢰할 만한 통계를 제시하고, 이러니 우리가 청렴해야 한다는 결론을 내리고자 한다.

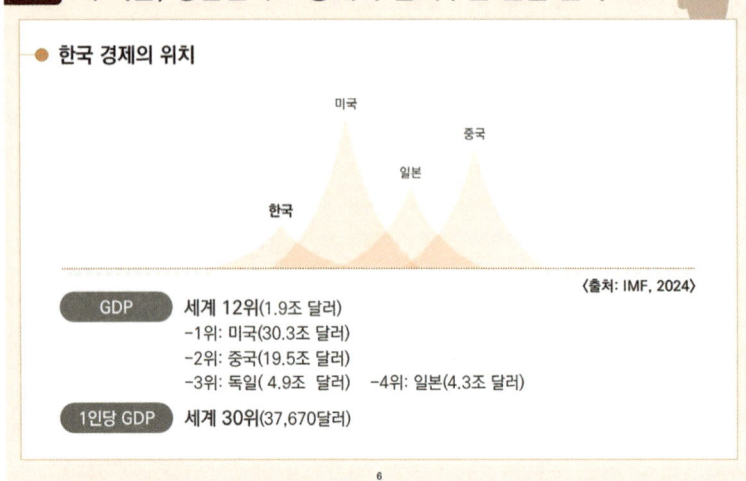

위 그림은 국제통화기금(IMF)에서 발표한 2024년 기준 세계 주요국과 1인당 GDP를 소개하는 자료이다. 표에서 보는 바와 같이 국가별 1위는 미국으로 30.3조 달러를 기록하고 있고, 19.5조 달러의 중국이 2위, 4.9조 달러의 독일이 3위, 4.3조 달러의 일본이 4위, 그리고 우리나라는 1.9조 달러로 12위를 기록하고 있다.

통상 최종 확정된 전년도의 기록은 3월쯤 해서 나오는데 2025년 3월에 발표된 이 자료를 보는 순간 나는 엄청난 걱정과 불안감에 휩싸여야 했다. 왜 그랬을까! 그것은 바로 일본 때문이었다. 단순하게 이 그림만 보시는 분은 '아, 미국이 저만큼 해서 1위를 했고 우리는 12위를 했구나' 하는 선에서 이해하겠지만, 매년 이 자료를 업데이트하는 내 입장에서는 그렇게 속 편히 볼 수만은 없는 절박함이 있다.

그럼, 왜 일본 때문일까? IMF가 최근 기간 국가별 GDP를 발표함에 있어 일본은 미국, 중국에 이어 항상 붙박이 3위였다. 그런데 지난 2023년 처음으로 독일에 밀려 4위를 기록하더니 2024년에도 역시 그대로 4위를 한 것이다. 금액은 2023년에는 4.5조와 4.1조였는데 2024년 들어 4.9조와 4.3조로 더욱 격차가 벌어지고 있다. 어쨌든 그 순위에서 4위로 밀려 나간 것 자체가 상당히 충격적일 수밖에 없다.

그럼, 일본이 이렇게 밀려나간 것에 왜 내가 걱정하고 불안해했을까? 일본을 좋아하기 때문에? 이제 양국이 상호 발전적인 미래를 향해 이웃 국가로서 가까이 지내야만 한다는 원칙에서는 나 역시 크게 동의한다. 그러나 양국 간 켜켜이 쌓인 역사적 인식에서 굳이 우리와 상관없이 그들만의 결과로 순위가 밀린 것 자체에 내가 안타까워할 일은 물론 없다.

그렇다면 왜 그랬을까? 이유는 딱 하나다. 흔히 이야기하기로 우리나라 경제가 일본 경제를 그대로 답습하고 있다는 것은 많이 회자되고 있는 내용이다. 바로 이 점이다.

일본 경제에 대해 우리는 잃어버린 30년이라고 말한다. 그만큼 상당한 침체기를 겪고 있는데 이는 바로 우리도 그렇게 될 수 있다는 절박감과 연결된다. 현재 우리 앞에 놓여있는 여러 가지 현상은 이를 충분히 반영하고도 남는데 이미 이 통계자료에서도 그것을 읽을 수가 있다.

즉 우리는 지난 2020년 순위가 9위에 올랐었는데 2024년에는 12위로 점점 힘을 잃고 매년 밀려나고 있는 상황이다. 자칫 우리도 일본처럼 잃어버린 몇 년이라는 현실을 맞이하는 것은 아닌지, 지극한 우려를 자아내지 않을 수 없다.

여기에서 나는 우리 공직자 여러분께 간곡한 호소를 드리고 싶다. 대한민국 공직자라면 일반 국민보다도 훨씬 더 우리나라 경제의 현주소를 직시해야만 한다.

우리 경제가 이토록이나 만만치 않은 상황에 놓여 있으니, 국민의 혈세로 이루어진 단 한 푼의 예산도 아껴 씀은 물론이고, 그 효율성을 높여 공직자가 먼저 솔선수범하여 이 난국을 뚫고 나갈 때 국민들은 아낌없는 격려를 해주실 것이다. 그것이 바로 우리 공직자가 나아갈 길이다. 이 점 꼭 마음에 담아 두시면 정말 좋겠다.

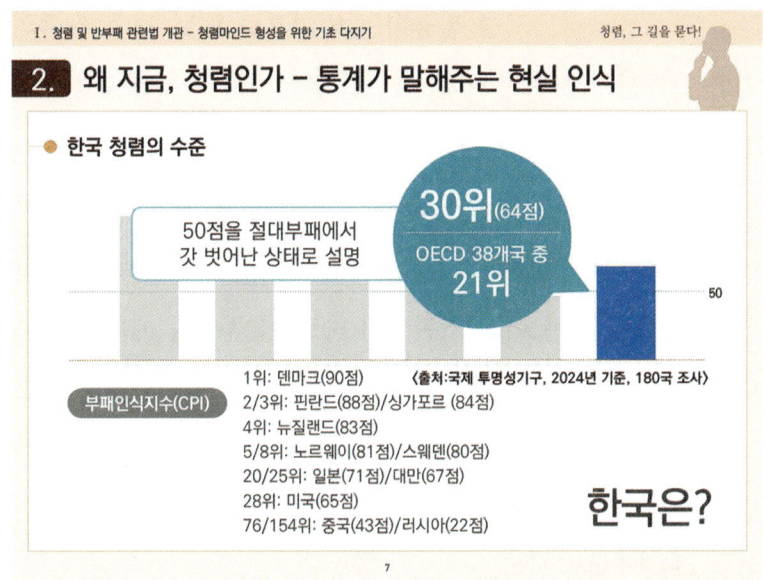

　두 번째 통계는 위 그림에서 보는 바와 같이 우리나라의 청렴수준에 대해 살펴보려 한다.

　공직자 여러분께서는 청렴교육을 받을 때마다 우리나라의 청렴점수가 몇 점이고, 또 등수는 몇 등이었다는 내용을 매번 들었을 것이다.

　이 통계는 국제투명성기구라는 곳에서 매년 발표하고 있는데, 영어로는 'Transparency International'로 쓰이며 약칭 'TI'로 불린다. 이러한 TI는 지난 1993년에 설립되어 그 본부를 독일 베를린에 두고 있는데, 부패인식지수(Corruption

Perceptions Index : CPI를 활용하는 방법으로 매년 세계 각국의 청렴 실태를 조사하여 이를 점수로 환산해서 순위별로 발표하고 있다.

2024년에는 모두 180개 국가를 조사, 발표하였는데 우리나라는 표에 나와 있듯이 100점 만점에 64점으로 30위에 올라 있다. 지방에 있는 어느 기관에서 바로 이 등수를 얘기했을 때다. 180개국 중 30위를 기록했다고 하니 장내가 떠나갈 정도로 큰 박수 소리가 나왔다. 등수로만 본다면 정말 박수가 나올 만도 했다. 180개국 중 30위라니 잘했으면 잘했지, 결코 못한 것은 아니기 때문이다.

그러나 내가 전혀 예상치 않았던 박수여서 소리가 멈출 때까지 기다리다 조용해지자, 다음과 같이 말했다. "그런데 여러분, 샴페인을 너무 빨리 터트리셨습니다."

그 이유는 세계 180개국이라고 한다면 섬 몇 개 모아 놓고 국가라 하는 나라도 적지 않다. 한마디로 처음 들어보는 나라 이름이 수두룩하다. 아마 대부분의 사람은 국가 이름을 100개 이상 알기 쉽지 않을 것이다. 나 역시 이 범주에 들어감은 물론이다. 이제 대한민국이라는 나라를 이러한 나라들과 견준다고 하는 것은 실체로나, 자존심상으로나 결코 적합하지가 않다.

그렇다면 어떤 나라와 견주어야 할까? 그것은 그림에도 나와 있듯이 OECD 38개국과 비교하는 것이 타당하다. 이 38개 국가 중에서는 21위를 기록하고 있다. 그러면 38국을 반으로 나눈 19위까지는 상위권이고 나머지는 하위권이 되는데, 우리나라는 하위권에 위치하고 있다. 따라서 아직까지는 우리나라가 청렴하다는 자부심을 갖기에는 부족함이 많다는 얘기다.

물론 우리 사회가 대단히 맑고 깨끗해졌다는 사실에 대해서는 우리 모두가 피부로 느낄 수 있다. 요즈음 관공서나 심지어 경찰서에 가서라도 어떤 권위의식을 느끼게 하는 경우는 정말 찾아보기 쉽지 않다. 대부분 하나 같이 친절하고 놀라울 정도로 민원인을 대한다.

그러나 당장 보이지 않는 어두운 곳에서는 아직도 개선할 부문이 많아 우리 모두의 노력이 이런 곳에서부터 더욱 필요한 때이다.

아울러 TI는 청렴점수 50점을 절대부패에서 갓 벗어난 상태라고 설명한다. 위 표에서 중국은 43점으로 76위를, 그리고 러시아는 22점으로 154위를 차지하고 있다. 따라서 TI 기준에 의하면 중국과 러시아는 아직까지 절대부패 국가로 분류가 된다.

그동안 우리가 학교에서의 교육을 통해서나, 실제로 일어나고 있는 현실과 접하면서 계획경제를 내세우는 사회주의 경제는 시장경제를 표방하는 자본주의 경제를 절대로 이길 수 없음을 보아왔다. 이 점은 지극히 당연한 결론일 것 같다. 우리 인간의 본성이 남보다는 조금이라도 더 잘살고 싶고 남보다는 분명 우월한 신분을 갖고 싶어 하기 때문이다.

인간 본성이 그러한데 '모두가 똑같이 분배하여 공평하게 잘 살자'라는 사회주의 체제에서는 굳이 열심히 일할 필요도 없고 또 동기부여도 찾기 난망하다. 더욱이 뿌리 깊은 문제점은 이렇게 표방은 해놓고, 실체를 보면 자본주의 사회보다 훨씬 빈부 차가 극명하기에 절대부패라는 굴레에서 구조적으로 벗어날 수가 없는 것이 엄연한 현실이다.

아울러 총 180개 국가 중 무려 2/3 이상의 국가가 50점 밑으로 나타나 있어, 청렴에의 길이 결코 쉬운 것이 아님을 보여주고 있다.

이렇게 TI는 50점을 절대부패의 기준으로 삼으면서, 한편 70점만 되면 그 국가나 사회가 전반적으로 투명하다고 설명하고 있다. 해서 평소에 현장에서 강의할 때 우리 모두 최소 70점은 넘어보자는 목표를 제시하곤 했다. 그렇게 몇 번 강의를 하면서도 무언가 좀 개운치 않은 기분을 느껴왔는데, 얼마간 지나서야 그 이유를 알게 되었다.

이 또한 일본 때문이었다. 2024년 기준으로 일본은 71점으로 20위를 기록하고 있다. 70점을 목표로 매진을 하려는데, 바로 그 앞에 일본이 떡하니 가로막고 있지 않은가! 해서 목표를 조금 상향 조정하였다. 명색이 한일전인데 일본보다 뒤처질 순 없지 않은가!

그래서 궁극적으로 나의 목표는 우리나라가 75점에 이르기까지 말 그대로 신명을 다 바치기로 결심했다. 대한민국 방방곡곡을 누비며 우리 공직자들은 물론 일반인들에게까지 청렴의 혼을 불어넣고 싶다. 그리고 그 이상의 점수는 굳이 필요하지 않다.

1등을 비롯해 상위권, 그래 그것은 덴마크 등 다른 나라가 해도 좋다. 어쩌면 그 나라들은 너무도 기계적인 판단만 할지도 모른다. 이것은 청렴이고 저것은 무조건 아니야 라는 획일적 판단 속에는 너무도 인간미가 없다. 그래도 숨 쉬고 들어갈 틈은 있어야 하지 않겠는가!

공자도 수지청즉무어(水至淸則無魚), 즉 물이 너무 맑아도 물고기가 살지 못한다고 말씀하셨다. 그래서 내가 원하는 최종 목표는 75점이다. 그때까지 우리 모두 맡은바 현실에서 최선을 다해보자!

각종 국제 통계를 보면 북한은 빠져 있는 경우를 많이 보게 된다. 정확한 사정이야 모르겠지만 기본 자료의 부족이 그 원인이 아닐까 싶다. 그런데 놀랍게도 TI가 조사한 이 180개 국가 중에 북한도 포함되어 있다.

그러면 과연 어떠할까? 이러니저러니 해도 북한은 분명히 우리와 같은 민족이고 같은 언어를 사용하는 형제이다. 해방 이후 지금까지 상호 적대적인 관계에 놓여있기는 하지만, 언젠가는 평화적인 방법으로 다시 뭉쳐 온전한 한 나라로 다시 태어나 전 세계에 뛰어난 한민족의 우월성을 보여줘야 한다.

그러기 위해 현시대를 살고 있는 우리 모두는 우리 후손들에게 완전체가 된 국가를 물려주기 위한 막중한 책임감을 가져야 한다. 최근에 과연 "남북한이 통일을 해야 하는가"라는 설문조사 결과를 보면, 예전에 비해 "할 필요 없다"라는 답변이 더욱 높아지고 있다. 특히 젊은 MZ 세대에서 그 비율이 상대적으로 더 높은데, 그 이유는 왜 우리도 힘든데 막대한 통일비용까지 떠안아야 하느냐는 논리가 크다고 한다. 충분히 이해할 수 있는 사유이다. 우리 젊은 세대도 무척 힘든 것은 분명한 사실이기 때문이다.

나는 여기에서 그 질문의 방향성이 올바르지 못해 이러한 결과가 나왔다고 본다. 일단 통일이 되면 경제적 부가가치에 대한 설득은 나중에 한다고 하더라도, 설문조사를 통일을 해야 하느냐, 마느냐로 묻는다면 이러한 답변이 높을 수밖에 없다.

그러나 "만약에 북한에 어떤 문제가 생겨 존립이 어려워지고 이에 관계가 있는 다른 나라들이 이를 수용키 위해 뛰어든다면 과연 어느 나라가 받아들이는 것이 타당할까? ① 중국 ② 러시아 ③ 미국 ④ 일본 ⑤ 대한민국" 이렇게 묻는다면 과연 우리 말고 다른 어떤 나라를 선택하겠는가?

어쨌든 북한의 상황은 같은 민족으로서 너무도 참담해 국제기구의 발표이니 믿지 않을 수도 없고 실로 안타깝기만 하다. 북한의 기록은 15점으로 180개국 중 170위에 올라 있다. 그래도 뒤에 10개국이나 있으니 그나마 다행이라 할까? 참고로 제일 꼴찌는 내전으로 피폐한 남수단으로 8점을 기록하고 있는데, 북한 밑의 10개국은 모두 내전에 휩싸여 있는 나라들이다.

세 번째 통계는 '세계 행복보고서'에 나타난 국가별 행복만족도이다.

유엔연합에 SDSN이라는 자문기구가 있다. 여기에서 첫 S는 요즈음 많이 사용하고 있는 Sustainable의 첫 글자로 지속가능의 의미를 갖고 있고, 전체 명은 'Sustainable

Development Solution Network'로 이의 약자이다. 우리말로는 '지속가능 개발해법 네트워크'로 불리는 기구이다.

　TI가 각국의 청렴점수를 매년 발표하듯이 이 SDSN은 각국의 행복점수를 역시 매년 발표하고 있다. 행복점수 하면 조금 생소하게 들릴 수도 있지만 부탄이나 네팔 같은 나라가 경제력은 크게 떨어져도 국민이 느끼는 행복감은 대단히 높다는 이야기는 많이 들어온 바 있다. 바로 이러한 행복감을 점수로 환산하여 발표하고 있는 것이 이 행복점수이다.

　SDSN은 이 행복점수 측정 분야를 6개로 분류하고 있다. 즉 사회적 지원, 자유, 부정부패, 관용, 1인당 GDP, 그리고 기대수명이 그것이다. 2024년 기준으로 보면 모두 147개국을 조사하였는데 우리는 10점 만점에 6.038로 58위를 기록했다. 여기에서 재미있는 수치는 우리보다 조금 위인 55위에 일본이 올라 있는데, 그 점수는 6.147로 한일 양 국민의 행복도가 거의 같다고 볼 수 있다.

　어쨌든 앞 청렴등수가 180개국 중 30위였으니 이 행복등수는 그보다 33개국이나 적게 조사한 결과로 볼 때 20위권 초반 정도에는 들어가 있는 것이 마땅하다. 그러나 놀랍게도 우리나라는 오히려 한참 뒤떨어진 58위에 머무르고 있다.

이것이 무엇을 의미하는 걸까? 결국 이것은 그만큼 우리나라 국민들의 행복도가 상대적으로 크게 떨어지고 있다는 것을 말해주고 있다. 위 6개 요인을 살펴보면 앞부분 사회적 지원, 자유, 부정부패 등 세 파트는 정치/사회적 분야이고, 뒷부분 관용, 1인당 GDP, 기대수명은 비정치/사회적 분야로 나눌 수 있다.

발표된 점수를 보면 뒷부분인 비정치/사회적 분야에서는 상대적으로 점수가 무척 높다. 1인당 GDP는 USD 37,670로 30위에 있고 기대수명은 일본과 더불어 거의 세계 최고 수준이다. 그러나 앞 세 파트 정치/사회적 분야에서는 크게 떨어지고 있다. 즉 그 이야기는 정치/사회 때문에 우리나라의 평균 행복점수가 상당히 뒤처져 있다는 얘기가 된다. 참으로 안타까운 일이다.

굳이 SDSN의 위 발표가 아니더라도 우리 국민이라면 이 상황에 대해 누구라도 인정할 수밖에 없다. 따라서 나는 우리나라 위정자들에게 간곡히 호소하고자 한다. 우리 일반 국민들은 다 잘하고 있다. 말 그대로 당신들만 잘하면 된다. 입으로는 하나 같이 국가와 국민을 위한다고 하지만 실제로는 모든 것을 외면한 채 오로지 당리당략에만 몰두하고 있음을 우리 모두 실감하고 있다.

우리 스스로 얘기하고 있지만 1류 국민, 2류 기업, 3류 사회, 4

류 정치에 이 정치인을 잘못 뽑은 5류 국민으로 다시 회귀하는 실로 기막힌 현실이 반복되지 않도록, 위정자 여러분들의 뼈를 깎는 반성과 새로운 결의가 요구된다. 해서 우리의 행복 위치가 못해도 20위권 내에는 들어갈 수 있도록 통렬한 분골쇄신이 이루어지길 바란다.

이상으로 3개의 신뢰할 만한 국제통계를 소개했다. 이 3개의 통계에서 두드러진 공통점이 나타난다. 그것은 덴마크, 핀란드, 노르웨이, 그리고 스웨덴 4국에서 볼 수가 있다.

이 4개국의 공통점은 한눈에 파악되듯이 북구, 즉 북유럽에 위치해 있다. 이 북구에 위치한 네 나라의 청렴 등수는 각각 1, 2, 5, 8위로 세계 최고 반열에 올라 있다. 이런 네 나라는 핀란드의 행복 등수 1위를 비롯해 2위의 덴마크 등 4국 모두 행복국가 상위권에 위치하고, 더 나아가 첫 번째 소개했던 국가별 GDP와 1인당 GDP도 모두 상위권에 랭크되어 있다.

결론적으로 청렴하면 청렴할수록 나라도 잘살고 1인당 GDP가 높다는 것은 그 사회도 같이 잘산다는 말이 된다. 우리가 흔히 하는 얘기로 일본 같은 경우 나라는 잘사는데 국민은 그렇지 못하다는 것이라든지, 요즈음같이 흉악 범죄가 많은 시점에서 나만 잘살고 주변이 모두 못산다면 그 또한 불안감이 적지 않을 것인데, 높은 1인당 GDP는 이 모두를 시원하게 해결해 주고 있다.

그러나 이러한 사실들보다 더욱 중요한 것은 바로 국민들 스스로 과연 우리는 얼마나 행복한가를 체감하는 데 있다. 아무리 부유하고 좋은 사회라 하더라도 행복하지 못하다면 이 모든 것이 한낱 신기루이기 때문이다. 결론적으로 청렴하면 청렴할수록 나라와 사회도 잘살고 또한 높은 행복감까지 느끼고 있으니 이런 청렴을 과연 해야 할까, 말아야 할까? 답은 자명하게 나오고 있다.

여기에서 우리 모두에게 매우 흥미로울 수밖에 없는 연구결과 한 가지를 소개하고자 한다.

지난 2023년 미국의 하버드 대학에서 '세상에서 가장 긴 행복탐구 보고서'라는 연구결과가 발표되었다. 이 연구의 목적은 과연 우리 인간에 있어 가장 중요한 행복의 조건은 무엇인가를 조사하는 데 있었다.

그런데 하버드 대학의 이 연구방식을 보면서 정말 탄식을 금할 수 없었다. 나 또한 정부출연연구기관으로도 불리는 국책연구기관 출신이다. 그것도 무려 33년간이라는 장기복무 끝에 지난 2017년에 정년퇴임을 했다. 그런 같은 연구기관의 입장에서 볼 때에도 존경의 탄사를 보내야만 했던 이유는 이렇다.

이 연구를 위해 투입된 조사 대상자가 무려 1,300명이라는 엄청난 모집단 수치인데, 그보다 더 놀라운 것은 이 인원을 무려 85년간에 걸쳐 추적 조사를 했다는 점이다. 내가 오랜 시간 보아왔던 우리의 연구행태와는 한마디로 비교 자체가 불가하다. 하버드가 왜 세계 최고의 대학이라 불리는지 여기에는 다 그만한 이유가 있음을 느꼈다.

무엇보다 85년간의 연구라는 것에 숨이 다 막힌다. 이 얘기는 그 기간 중 연구 대상자가 세상을 뜨게 되면 그 가족을 대신 넣어 모집단 수를 계속 유지하고, 더불어 연구자 또한 대를 이어 연구를 했다는 것이 된다. 연구란 바로 이렇게 하는 것이라며, 많은 연구기관들에게 깊은 경종을 울려주고 있다.

어쨌든 그 결과를 보면 많은 사람들이 제일 중시할 것으로 보였던 행복의 제1조건은 결코 돈이 아니었다. 그렇다고 해서 이 돈을 절대 무시하지도 않았다. 그들은 연구에서 돈은 절대로 필요하다 했다. 단 그 돈의 최대 효용가치는 어느 사람이 살고 있는 그 사회에서 그가 벌어들이는 총 금액이 해당 사회의 평균치를 웃돌 때까지라고 했다.

즉 자신이 속한 사회에서 평균 이상의 소득을 버는 사람에게는 돈이 결코 행복에의 가치가 아니라고 한다. 그러면서 진정한 행복에의 요소는 돈이 아니라 가족, 동료, 친구 등 한마디로 인간관계 형성에 달려있다며 결론을 맺는다.

　글쎄, 이 결과에 얼마나 공감할지는 모르겠지만 나는 십이분 공감하며 이 연구결과에 뜨거운 박수를 보내고 싶다. 실제 강의 현장에서 수강자에게 "돈은 행복에 있어 절대가치가 될까, 아닐까"라는 질문을 자주 하고 있다.
　여기에서 응답은 MZ세대에서는 '그렇다'는 대답이 '아니다'라는 쪽보다 훨씬 많았고, 연세가 계신 분들은 거의 중요하나 절대가치는 아니라는 답변이 크게 우세했다. 이 글을 읽고 계신 여러분들도 한번 어느 쪽인지 생각해 볼 필요성은 단연코 충분하다.

생각해 볼 거리 ➡ 돈은 과연 행복에의 절대가치일까?

3

공직자 및 일반인을 위한 청렴 관련법 핵심 가이드

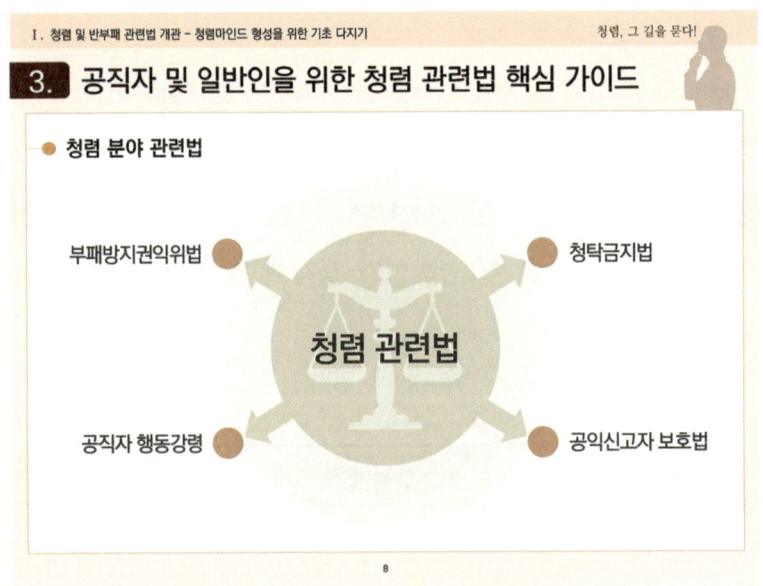

청렴 분야의 관련법, 즉 반부패 분야 관련법에는 위 그림과 같이 부패방지 및 국민권익위원회의 설치와 운영에 관한 법률(약칭: 부패방지권익위법), 공직자 행동강령, 공익신고자 보호법, 부

정청탁 및 금품 등 수수의 금지에 관한 법률(약칭: 청탁금지법)을 비롯해 공공재정 부정청구 금지 및 부정이익 환수 등에 관한 법률(약칭: 공공재정환수법), 공직자의 이해충돌 방지법(약칭: 이해충돌방지법) 등 여러 개의 법이 존재한다.

그러나 여기에서는 이 모든 법을 전부 소개하지는 않는다. 그 이유는 앞의 서문 및 개념에서도 밝혔듯이 법 자체보다는 청렴에의 기본 개념, 즉 '제악막작 중선봉행'이라는 원칙을 중시하는 입장에서, 우리의 인성에 기반을 두겠다는 목적이 있기 때문이다. 다만, 공직자는 물론이고 일반인도 알아두면 유용할 핵심적인 법 내용을 대표법이라 할 '청탁금지법'을 중심으로 소개하고자 한다.

3. 공직자 및 일반인을 위한 청렴 관련법 핵심 가이드

청탁금지법, 일반인들에게는 소위 김영란법으로도 많이 알려진 법이다. 이 법의 내용은 부정청탁 금지 및 금품을 받지 말라는 것이 핵심이다.

위 두 그림에서도 볼 수 있듯이 이 법이 나오게 된 경위는 사회 지도층에 있는, 이른바 높은 사람들이 국민의 눈높이와 맞지 않는 행위를 하였음에도 이에 따른 처벌 근거가 빈약해 그대로 자행되는 일이 적지 않았기 때문이다. 국민의 의식수준이 높아지면서 더 이상 방관할 수 없는 상황에 이르게 되자, 보다 분명한 처벌 근거를 세우기 위해 지난 2016년 9월 28일 제정, 시행하게 되었다.

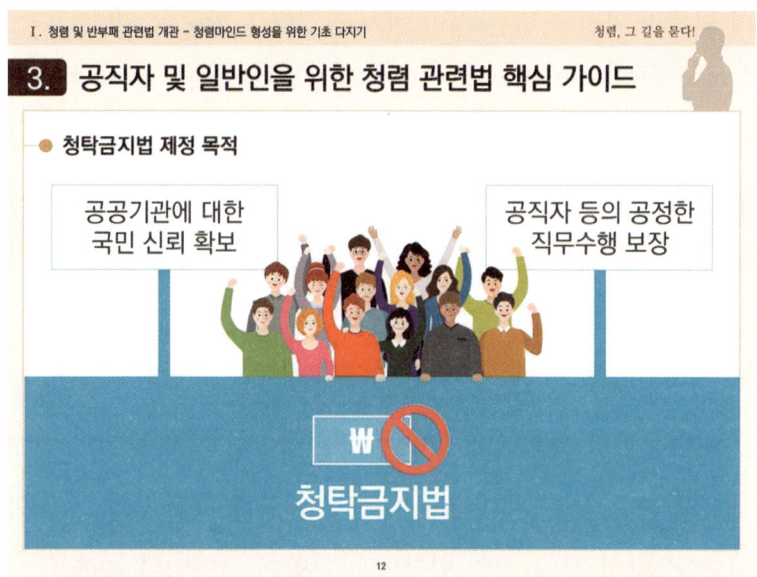

청탁금지법의 제정 목적은 크게 두 가지로 나뉜다.

하나는 공공기관에 대한 국민의 신뢰를 확보하고, 다른 하나는 공직자 등의 공정한 직무수행을 보장하겠다는 것이다. 여기에서 앞에 있는 공공기관에 대한 국민 신뢰 확보라는 내용은 다분히 어떤 선언적인 의미가 담겨있다고 할 수 있다. 따라서 정말 공직자에게 중요한 내용은 뒤에 있는 공직자 등의 공정한 직무수행 보장에 있다.

이 얘기는 그동안 우리 공직자들이 소신에 의한 나름대로 공정한 일을 수행했음에도 이에 따른 칭찬이나 보상이 아닌 오히려 피해와 차별을 받는 일이 적지 않았다는 방증이 된다.

　만일 이와 같은 일이 일반적으로 만연하고 있다고 하면 어느 누가 공정한 일을 하겠다고 나서겠는가! 그저 시류에 맞춰 적당히 처신하자는, 이른바 몸조심에 중점을 둘 수밖에 없다. 아쉽게도 우리 사회가 이런 행동이 주류가 되어 내려왔음을 굳이 부인하기는 어렵다.

　여기에서 실제로 내가 예전에 직접 겪었던 일화를 하나 소개하고자 한다. 지난 33년간 근무했던 연구원 생활 초창기 때의 일이다. 당시 신입 직원 입장에서 맡았던 담당업무 중에는 차량을 배차하는 업무도 있었다. 그 당시 연구원의 위치는 인천의 한 외곽 지역인 허허벌판에 있었다. 그래서인지 도보로 움직일 수 있는 거리 내에는 음식점이나 근린 시설 등이 하나도 없었고 정문 앞에 조그마한 구멍가게 하나가 달랑 있었을 뿐이다. 따라서 직원들 모두가 도시락을 싸 들고 다녔던, 말 그대로 호랑이 담배 피우던 시절이었다.

　대부분의 근무자가 서울에서 거주하는 관계로 연구원은 버스 3대를 구입해 직접 직원들을 통근시켰는데, 바로 그 통근버스와 일반차량의 해당 운전기사들과 차량을 관리하는 임무였다. 지금은 주 5일제 근무로 토요일이 휴무이지만 당시는 6일제로 토요일도 근무했다.

　그런 어느 토요일이었다. 바로 직속상관인 담당 과장이 호출하여, 그분의 책상 앞으로 가 업무 지시를 받았다. 그런데 그 내용이 내일 일요일에 그분이 다니는 교회에서 신도 분들을 모시고 이동을 할 일이 있으니, 연구원 버스 한 대를 배차하라는 것이었다.

　아마 지금의 젊은 세대들은 이해하기 어렵겠지만 그 시절에는 위에 있는 상사가 죽으라면 말 그대로 죽는시늉이라도 해야만 했다. 이를 어길 시 그에 따른 엄청난 후폭풍은 당연한 것이었고, 또 사회의 일반적인 풍조도 그 정도는 모두 자연스럽게 받아들이고 있던 그런 시절이었다.

　그런데 내가 좀 덜 성숙해서인지는 모르겠지만 나는 이것을 자연스럽게 받아들이지 못했다. 나의 중시조 되시는 어른께서는 계유정난 이후 사육신들과 단종 복위를 위해 모든 밀약을 다진 가운데, 마침 거사 전에 명나라 사신으로 파견되었다 돌아오는 길에 국경인 의주 땅에서 거사 발각으로 사육신이 모두 참변을 당했다는 소식을 듣고, 그곳에서 자진하신 분이다. 지금도 노량진에 있는 사육신 묘에는 나의 중시조 어른의 위패도 함께 존치되어 있다. 만약 그 당시 명나라 사신으로 떠나지 않으셨다면 역사는 지금 사육신이 아닌 사칠신으로 바뀌어 있을지도 모르는 일이다.

이런 분의 자손이어서일까? 나 역시 옳지 못하다고 생각되면 절대 따르지 않았고, 그것이 내게 어떠한 희생이 뒤따를 것인가에 대해서는 굳이 생각하지 않았다. 어쩌면 이렇게 살아온 나 자신이 지금은 청렴전문 강사가 되어 우리 사회에 청렴을 부르짖고 다니는 것은 아마도 타고난 운명인지도 모르겠다.

어쨌든 이러한 직속 과장의 지시에 대한 나의 답은 이랬다. "아니, 교회 신도들이 이동하는데 왜 연구원 버스를 배차합니까?"라고 했더니 이내 불호령이 떨어졌다.

"아, 이 사람이 하라면 하지, 웬 말이 그렇게 많아!"

"못 하겠습니다. 정 하시고 싶으면 직접 하십시오. 과장님은 이 업무의 최종 책임자이지 않습니까?"

이렇게 해놓고 뒤도 안 돌아본 채 내 자리로 돌아왔다. 그 결과, 즉 그 후폭풍은 참 대단했다. 내가 신입 시절이었기에, 부딪친 것은 바로 위 직속상관이었지만, 세월이 흘러 머리가 커지면서 이러한 나의 모습은 기관장에까지 이르렀다.

헛된 커다란 예산이 집행된다거나, 부당하다고 생각되는 일이 발생하면 결코 가만히 있지 않았다. 이러니 어느 상관이 좋다

하겠는가. 눈엣가시지만 명백한 잘못을 한 것은 아니니 쫓아내지는 못하고 대신 엄청난 보복이 뒤따랐다. 이를 위한 제일 좋은 방법이 인사고과이다. 지금이야 직원 간 수평평가까지 하는 기관도 있지만 그 당시에는 일방적인 위로부터의 수직고과만 존재했다.

그러니 어찌 되었을까? 입사 동기보다 무려 14년이나 진급이 늦고 평가도 항상 밑이다 보니 차별적 상여금 또한 늘 밑바닥이었다. 연구기관은 공무원이나 일반 기업과는 달리 직급체계가 대단히 단순하다. 기관별로 차이는 있지만 대개 4~5개 정도이다. 따라서 진급을 하느냐 못 하느냐에 따라 연봉 차가 제법 크다. 동기보다 14년이나 진급이 뒤지자, 보다 못한 아내의 말이 지금도 귀에 생생하다. "잘났어, 정말. 좀 숙이고 살면 안 돼요?"

어쨌든 예전에는 이러한 모습이 관례적이었지만 이제 더 이상은 아니다. 공직자가 공정한 직무를 수행했음에도 위와 같은 부당한 대우를 받지 않게, 그것도 법으로 정하여 올바른 공직자를 제대로 보호하겠다는 것이 바로 이 청탁금지법의 목적이요 취지이다.

3. 공직자 및 일반인을 위한 청렴 관련법 핵심 가이드

● 청탁금지법 적용 대상

적용 대상기관	적용 대상자
헌법기관, 중앙행정기관, 지방자치단체 시·도 교육청, 공직유관단체 등 모든 공공기관	공직자 등 국가·지방공무원, 공직유관단체 및 공공기관의 장과 임직원, 각급 학교의 장과 교직원, 학급법인의 임직원, 언론사의 대표자와 임직원
	공직자 등의 배우자
사립학교를 포함한 각급 학교, 학교법인	공무수행사인 ※ 각종 위원회에 참여하는 민간위원, 공공기관의 권한을 위임·위탁 받은 자, 공공기관에 파견 근무하는 민간인, 공무상 심의·평가 등을 하는 자
언론사	일반국민 공직자 등에게 부정청탁을 하거나 수수금지 금품 등을 제공한 자

　청탁금지법의 적용기관을 보면 한마디로 모든 관공서와 전국에 있는 공공기관이 포함된다. 아울러 사립학교를 비롯한 모든 학교와 학교 법인도 포함되고, 군 간부와 언론사 또한 해당된다. 그리고 적용 대상자는 이 모든 기관의 임직원은 당연한데, 특히 주목할 점은 이러한 공직자 등의 배우자 또한 포함된다는 사실이다.

　따라서 공직자 중 기혼자들은 배우자에게 본인의 직책과 직위와 관련해 어떠한 부정청탁이나 금품도 받아서는 안 된다는 사실을 꼭 주지시킬 필요가 있다. 아울러 공직자들에게 부정청탁이나 금품을 제공한 일반 국민도 해당되니, 결국 우리나라 모든 국민이 이 법에 적용된다고 하겠다.

이어서 청탁금지법의 핵심 내용으로는 부정청탁을 하지 말라는 것과 금품 등을 수수하지 말라는 것 두 가지로 축약된다. 이 두 내용을 좀 더 상세히 살펴보자.

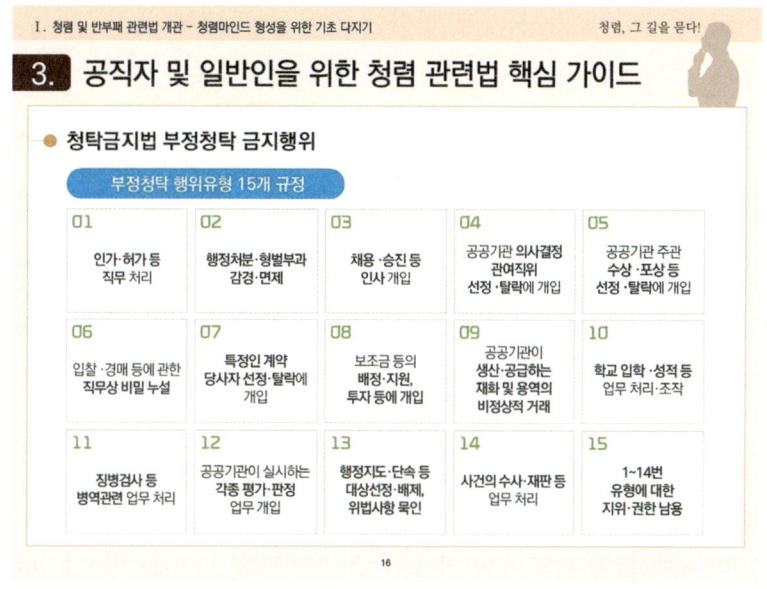

먼저 부정청탁 금지 부분으로 법에서는 위 그림과 같이 모두 14개의 행위 형태로 나누어 설명하고, 15번째에는 1~14번까지의 각 유형에 대해 지위와 권한을 남용하지 못한다며 추가로 덧붙이고 있다.

그러나 실제 강의 시에는 이 부분을 세세히 설명하지 않는다. 그 이유는 이 14개의 유형이 공직자 신분에서 보면 지극히 상식적이기 때문이다. 그 예로 1번의 인허가 등 직무 처리 유형을 보자. 너무도 당연한 얘기다. 어느 공직자도 인허가 업무를 담당하면서 당연히 공정하게 처리하지. 법에 있으니 공정히 하고 없다면 공정치 않게 한다는 경우는 도대체 생각조차 할 수 없는 상식이다.

한 가지 더 살펴보자. 6번에는 입찰 및 경매 등을 실시함에 있어 직무상 비밀을 누설하면 안 된다고 나와 있다. 이 또한 마찬가지이다. 한 공직자가 입찰 주재관이 되어 입찰 현장에 들어갔다고 하자. 그런데 가서 보니 평소에 자기와 아주 가까운 업체에서도 참여한 것을 보고, 남몰래 그에게 다가가 오늘의 입찰 예정가격을 알려주어 낙찰케 해주었다면 도대체 말이 되는 얘기인가.

나머지 유형 모두가 하나같이 법에 있으니 따르고 없으니 따르지 않겠다며 선택할 내용이 전혀 아니라는 점이다. 따라서 실제 강의에서도 수강자들에게 "여러분, 너무도 상식적인 부분이니 절대 외우실 필요 없습니다" 하며 수강에의 부담감을 덜어주려 노력하고 있다.

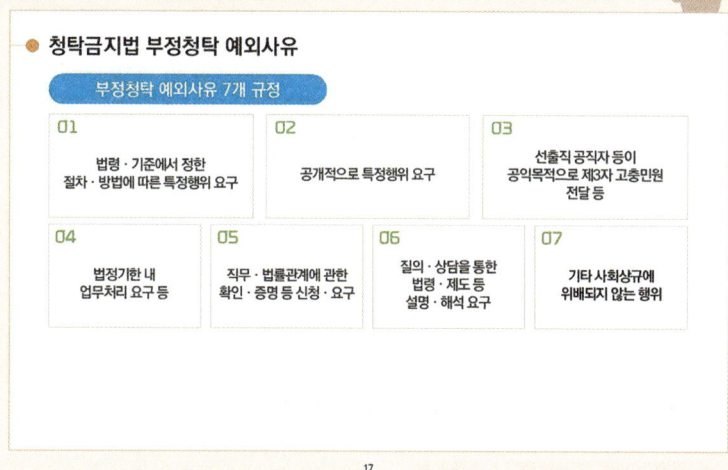

어느 법이 제정되어 나온 것을 보면 현실과는 조금 동떨어진 괴리감을 느끼게 하는 경우가 왕왕 있다. 그러나 반부패 관련법에서는 이러한 부분들이 크게 눈에 띄지 않는다. 즉 대단히 뛰어난 유연성을 지니고 있다는 특징이 있다.

청탁금지법에서도 무려 15개의 유형을 제시하고 이에 따르라는 상세함을 요구하고 있다. 그런데 곧바로 위 그림에서와 같이 7개의 예외사유 유형을 제시하고, 이 안에서는 따를 필요가 없다는 유연성을 보여주고 있다.

그런데 이 부분 또한 마찬가지이다. 7번에 보면 기타 사회상규에 위배되지 않는 행위는 괜찮다고 설명한다. 역시 7개 항 모두 지극히 상식적이다. 따라서 이 부분도 외우지 말라는 아주 친절한 멘트를 추가함은 당연하다. 한마디로 어떤 수치 등을 제외하면 나머지 대부분은 상식적이라는 표현을 반복해 사용하고 있다.

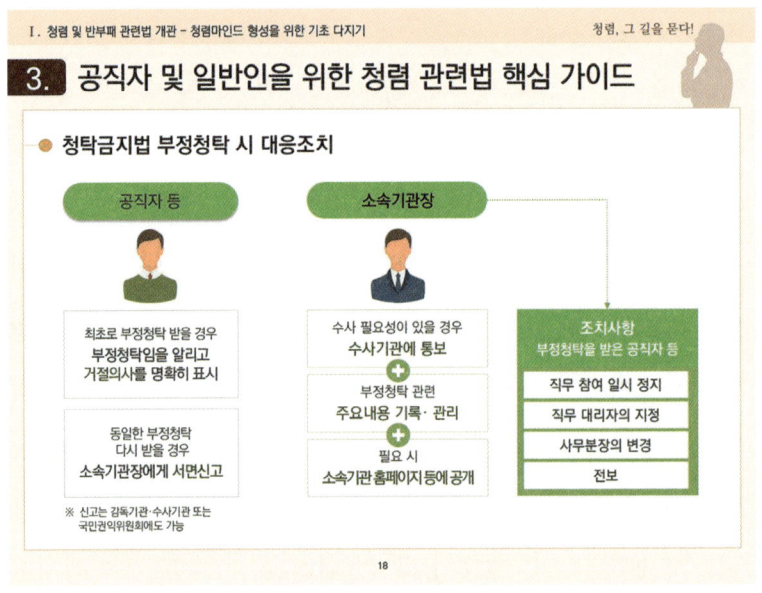

위 그림은 만일 어느 공직자가 부정청탁을 받게 된다면 어떻게 처리할지, 그 대응조치를 설명하는 내용이다. 따라서 공직자 아닌 일반인이라면 이 부문은 그냥 넘겨도 무방하다. 그러나 공직자는 언제든 본인에게 닥칠 수 있는 일인 만큼 이 부분만은 꼭 알아둬야 하겠다.

　자, 어느 날 갑자기 한 민원인이 찾아와 부정청탁을 했다고 하자. 그럼, 이제 해당 공직자는 어떻게 대처해야 할까? 간단하다. 그것도 아주 대단히 간단하고 조금도 어렵지 않다.

　민원인으로부터 민원 사항을 다 듣고 나서 그것이 부정청탁이라 판정되면, 그냥 그 자리에서 "지금 하신 말씀을 듣고 보니 이것은 부정청탁을 하신 것으로, 제가 해드릴 수가 없는 내용입니다. 그래서 반려하니 이해해 주십시오"라는 식으로 명확한 거절의사를 단순히 구두로만 표시하면 된다.

　그런데 여기에서 이것으로 종료가 되면 더 이상 신경 쓸 일이 없겠지만, 만일 이 동일 민원인이 동일 사안을 다시 갖고 와 또다시 부정청탁을 할 경우가 발생한다면 이때는 조금 번거롭게 된다. 이 경우에는 곧바로 소속 기관장에게 꼭 서면으로 동 내용을 신고해야만 한다. 이렇게 서면신고를 받은 기관장은 필요하다면 수사기관에 통보하여 수사의뢰를 할 수 있고, 아울러 동 내용을 기록, 관리한 뒤 소속 기관 홈페이지 등에 이 사실을 공개할 수 있다.

　여기에서 이미 명확한 구두 거절로 반려했음에도 관련 민원인은 어떤 마음으로 또다시 동일 사안을 갖고 왔을까? 여러 가지 이유가 있겠지만 나쁜 측면에서는 아마도 이런 마음이 제일 컸을 것 같다. 즉 "너, 내가 누구인 줄 알아? 내 뒤에 누가 있는지 알기나 해?" 등등.

대도시에서는 비교적 어렵겠지만 작은 시골 마을 등에서는 대부분 동일 학교의 선후배 관계가 끈끈히 연결되어 있어 민원인과 담당 공직자 간에도 이런 구도가 이루어질 수 있다. 만일 민원인이 소도시의 고등학교 선배이고 공직자가 후배의 구도로 형성되었다면 해당 공직자는 엄청난 심적 부담을 가질 수 있다. 이러한 경우, 소속 기관장은 선량한 해당 공직자를 보호하기 위해 적절한 조치를 해야만 한다.

그 구체적인 방법으로 관련 담당자의 직무를 일시 정지시킬 수도 있고, 또는 대리자를 지정하여 동 건에 대해 담당을 바꿀 수도 있다. 더 나아가 사무분장의 변경이나 아예 담당자의 보직을 바꾸는 전보의 형태로까지, 보다 적극적인 조치로 선량한 공직자 보호에 최선을 다해야 한다.

요약하겠다. 부정청탁을 받게 되면 1차 명확한 구두 거절, 동일 사안으로 동일인이 반복한 2차 부정청탁 때는 기관장 서면신고만 기억하면 된다.

> **한줄요약 ➡ 부정청탁 대처법 :**
> 1차, 명확한 구두 거절(단, 정중한 예의 갖춤은 당연)
> 2차, 기관장 서면 신고(동일인의 동일 사안의 경우)

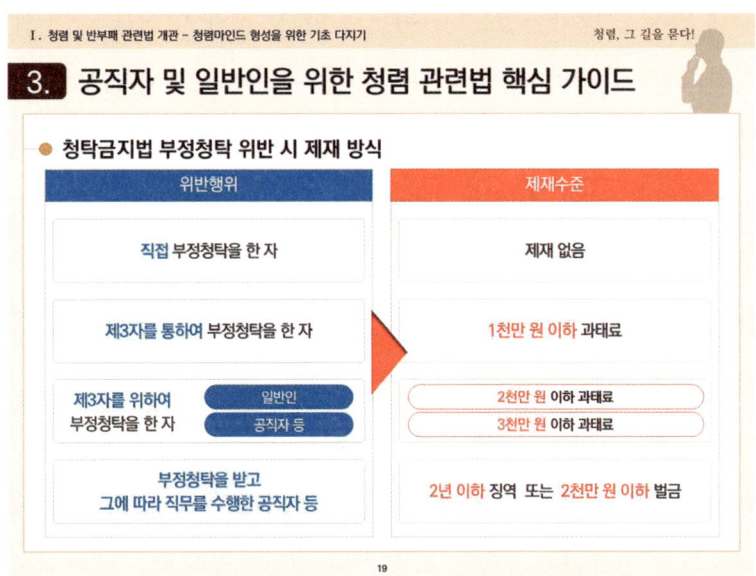

이렇게 법에 부정청탁을 하지 말라고 명시되어 있는데 이를 무시하고 행동에 옮긴다면 과연 어떻게 될까? 당연히 법을 어긴 대가로 그에 합당한 처벌을 받게 된다. 위 그림은 이런 제재를 위해 각 정황에 따라 벌금과 징역 기간 등을 명시하고 있다.

그런데 나는 강의 현장에서 이 부분에 대해 일단 동 페이지는 보여주되, 구체적 설명은 생략한 채 곧바로 다음 단계로 넘어간다. 그러면서 한 가지 멘트는 꼭 따른다.

즉, 이제 현 수강자 모두는 앞서 청렴의 실질적 개념에서 제악막작 중선봉행, 즉 나쁜 짓 하지 않고 착한 일 두루 하라는 절대 명제를 받아들였으니, 이런 위반 시 제재 방식을 굳이 얘기한다면 내 강의 자체가 모순이 될 수밖에 없기에 아무런 설명 없이 다음 단계로 들어간다는 말을 덧붙인다.

한마디로 나와 수강자 모두는 이전까지는 어떠했는지 모르겠지만 이 시간 이후부터는 일체의 부정행위도 하지 않겠다는 굳은 약속을 한 사이라는 점을 강조하기 위한 나름대로 나만의 독특한 강의 방식이라 하겠다.

청탁금지법의 두 번째 핵심 내용은 금품 등 수수 금지이다.

한마디로 금품을 상호 주거나 받지 말라는 내용이다. 금품에 관해서는 청탁금지법은 물론 공직자 행동강령에서도 중복되어 나올 정도로 그 중요성이 매우 크다. 실제로 우리 사회에서 벌어지고 있는 갖가지 추태에는 어김없이 이 금품의 수수가 필연적으로 뒤따르고 있다.

따라서 이 장에서는 금품이라는 개념은 무엇인지, 일반인도 알아두면 상당히 유용한 허용되는 금품은 어떠한 것 등이 있는지, 그리고 부정청탁의 경우와 같이 금품을 받을 시 해당 공직자가 대처할 방법 등에 대해 비교적 상세히 안내하고자 한다.

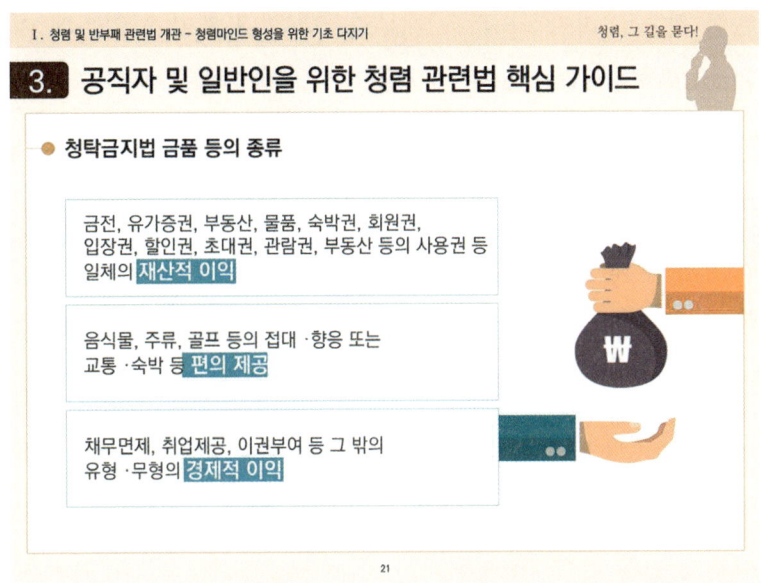

위 그림에서도 나타나듯이 청탁금지법은 물론 공직자 행동강령에서도 반복되어 나오는 금품에의 개념은 대단히 포괄적이다. 법에서는 금품을 크게 세 파트로 나누어 지정하고 있다.

먼저 재산적 이익으로 금전, 부동산 등은 물론 입장권, 초대권 및 관람권까지도 금품으로 보고 있다. 이어 편의 제공인데 주류, 골프 등의 향응과 교통 및 숙박 제공도 포함된다. 세 번째는 경제적 이익으로 대규모 커넥션 사건과 같은 것에서 드러난 상호 주고받기식 부정행위이다. 여기에는 "내가 너한테 이만큼을 주었는데 마침 너한테 돈 빌렸던 것 있지. 그거 서로 없던 것으로 하자"와 같은 채무면제나, "내 조카가 있는데 아직 미취업 중이니, 너희 회사에서 뽑아달라"는 취업의 제공, 그리고 "나 때문에 납품하게 되었으니, 납품가의 몇 프로를 떼어달라"는 등 모든 유무형의 경제적 이익이 포함된다.

앞 부정청탁 부문에서도 이미 설명했듯이 반부패 관련법은 대단히 뛰어난 유연성을 지니고 있다. 그것은 부정청탁에서도 그랬지만 이 금품 등의 종류에서도 역시 두드러지게 나타난다. 이렇게 다양하게 금품의 종류를 지정하여 수수를 하지 말라 해놓고, 이런 것은 또 주고받을 수 있다는 아낌없는 유연성을 보여주고 있다.

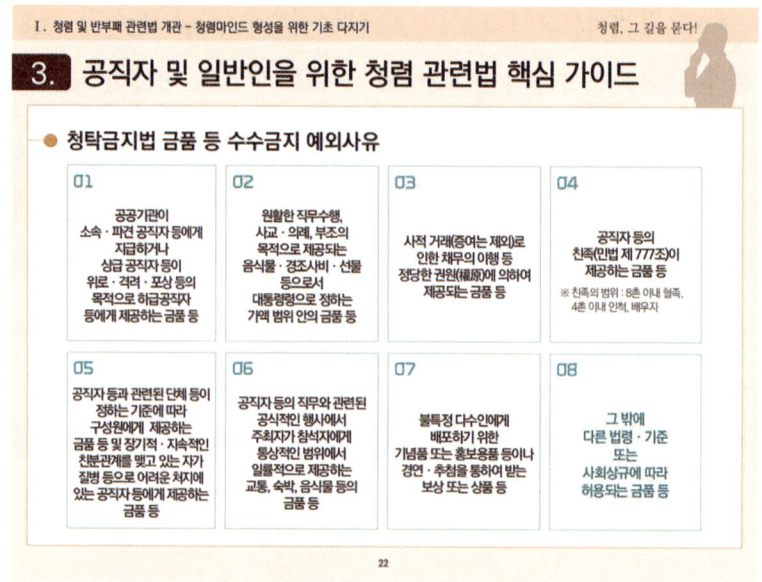

앞 페이지의 그림은 금품의 종류 중 예외사유를 표시한 것으로 여기에 나타난 금품은 주고받아도 무방하다며 현실적인 유연성을 보여주고 있다. 8번 내용을 보면 기념품이나 홍보용품, 경연이나 추첨을 통해 받는 것 등 사회상규에 따라 허용되는 금품 등은 받아도 무방하다고 명시되어 있다. 이 또한 너무도 상식적인 면이어서 굳이 외울 필요가 없다.

단, 이 부분에서 공직자들이 알아두면 좋은 내용 하나를 소개한다. 1번에 있는 것으로, 만일 어느 공직자가 뛰어난 행동으로 소속 기관에 공적을 세웠고 기관장은 이를 치하하기 위해 포상을 하려 한다면, 여기에는 그 포상금에 제한을 두지 않는다는 점이다. 즉 무제한 지급이 가능하다. 물론 예산 내에서 해야 하겠지만! 어쨌든 커다란 공적을 세운 공직자라면 기관장에게 합당한 포상금의 요구도 좋을 듯싶다.

이 대목에서 한 가지 재미있는 추억이 있다. 어느 군부대에서 강의할 때다. 마침, 이 부분을 설명하면서 참석한 부대장에게 포상금으로 1억을 주어도 괜찮다고 했더니 깜짝 놀란 부대장이 하는 말, "어, 우리 전체 관련 예산이 1억도 안되는데요!"

여기에서 공직자는 물론 일반인 또한 알아둬야 할 중요 내용을 하나 더 소개한다. 앞에서 반복하여 법 일부가 너무도 상식적이어서 굳이 외울 필요가 없다고 강조했다. 그 이유는 수강자에게 외워야 한다는 부담감을 최대한 줄여주고 싶었기 때문이다.

그러나 이 상식이라는 것이 모두에게 공통적으로 다가올 수는 없다. 특히 이 부분이 수치와 관련이 있다면 개개인이 느끼는 범위가 모두 다를 수 있기 때문에 어떤 명확한 기준은 분명히 정해줘야 한다. 62페이지 그림의 2번 내용이 바로 여기에 해당된다.

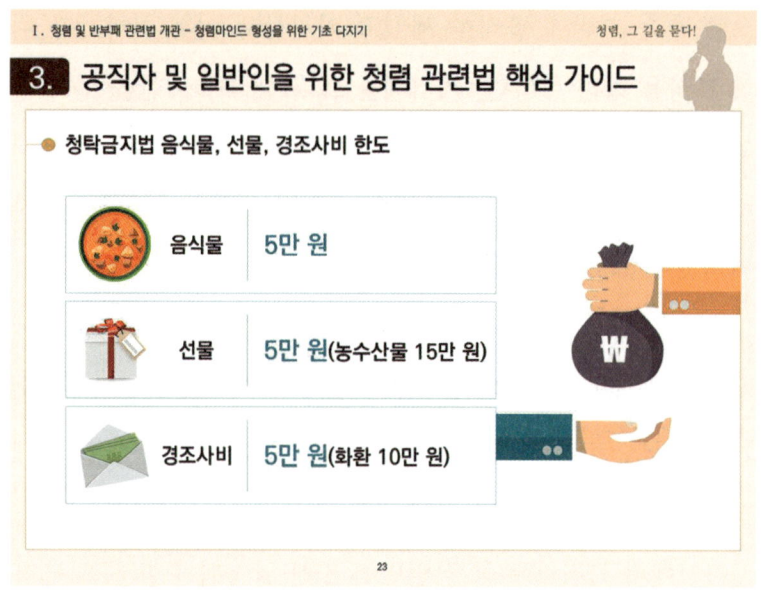

어느 민원인이 담당 공직자와 시일이 비교적 많이 소요되는

특정 민원을 진행 중이라면, 이 기간에 같이 식사할 수도 있고 또 해당 공직자에게 경조사가 발생하는 경우 등도 일어날 수 있다. 이럴 땐 어떻게 해야 하나?

  모른 척 가만히 있기도 그렇고, 그렇다고 함부로 돈이 오가면 자칫 금품 등 수수 금지 조항에 위배될 수도 있는 등 난감한 처지에 놓일 수도 있다. 이는 상식선에서 해결하기 어려운 부분이기 때문에 대통령령으로 64페이지 그림과 같이 어떤 기준을 제시하였다. 따라서 공직자는 물론 관련된 일반인들도 이 기준만큼은 잘 숙지하여 좋은 의미의 취지가 상호 불미스럽게 끝나지 않도록 확실히 신경 써야만 한다.

  먼저 음식물의 경우이다. 요즈음 일선에 있는 공직자들을 만나보면 민원인과는 아예 식사는 물론 밖에서 커피 한잔도 같이 나누려 하지 않는 경향을 보인다. 규정이 어떻든 괜히 그런 모습을 같은 공직자 동료들에게 보여줘 불필요한 오해를 받지 않겠다는 생각에서 나온 결과라고 생각된다.

  그런데 이 상황에서 적지 않은 공직자들이 제대로 알지 않고, 무조건 민원인과는 식사하면 안 된다는 것으로 알고 있는 오류 또한 종종 볼 수 있다. 따라서 오전에 민원 이야기를 나누다 점심시간이 되면 공직자는 공직자대로, 또 민원인은 민원인대로 각각 점심식사를 한 뒤 오후에 다시 만나 오전에 못 끝낸 이야기를 이어가고 있다.

실제로 얼마 전에 한 고등 검찰청 강의 현장에서 있었던 사례이다. 강의가 끝났는데 나이 지긋하신 중견 간부로 보이는 한 분이 다가와 바로 이 부분에 대해 내게 질문했다.

"아까 민원인과 식사를 같이할 수 있다고 하셨는데 정말 해도 되는 겁니까?"

조금은 충격적이었다. 비록 내가 청렴전문 강사의 자격으로 검찰청까지 와서 그것도 법에 대해 강의하고는 있지만, 그분에 비하면 나는 불과 1년여 만에 급조된 법률지식으로 오랜 세월 생업으로 법을 다루고 있는 그분과는 감히 견줄 수도 없는 위치에 있음은 분명했다. 한마디로 법을 안다면 그분이 월등히 더 알지, 내가 더 많이 알기는 결코 쉽지 않다.

물론 법 분야도 워낙 다양하기 때문에, 그분이 반부패법을 잘 모를 수는 있다. 그러나 이 질문에는 민원인과는 아예 식사도 같이해서는 안 된다는 어떤 선입감이 먼저 작용한 까닭은 아닐까 싶다.

어쨌든, 민원인과 같이 식사해도 된다. 우리 민족이 어떠한 민족인가? 예로부터 과하다 싶을 정도로 정감이 풍부한 민족이 아니던가! 특히나 먹거리 부문에서는 더더욱 인정이 차올랐다.

한번 우리 어머니와 할머니 세대를 떠올려 보자. 워낙 굶주렸던 시절로 당신들은 찬물에 차갑게 식은 밥을 훌훌 말아 그냥 넘기시더라도 내 가족, 내 자식들, 그리고 내 집에 오시는 손님들께는 비록 찬은 없더라도 따뜻한 밥 한 끼 지어 올리는 것을 당연시했다.

이렇게 정감 어린 집단이 바로 우리 민족이다. 그러니 아무리 민원인과의 관계이지만 밥도 같이 먹을 수 없다? 이건 정말 아니다. 단순히 청렴 차원이 아니라 한민족의 절대적인 미풍양속의 차원인 것이다.

따라서 같이 먹어도 된다. 단, 이것을 금액으로 어떤 한도를 정할 필요는 있으니 그 금액 내에서 먹으라는 것이다. 바로 그 금액이 64페이지의 그림에서와 같이 1인당 5만 원이다. 즉 민원인과 담당 공직자 두 명이 식사를 같이하면 10만 원 이내에서 먹으라는 얘기이다.

요즈음 워낙 외식 물가가 높아지다 보니 금액 한도의 적정성에 대한 이론은 물론 있을 수 있다. 그렇다고 상식 밖으로 많이 정할 수도 없는 깃이니, 이 기준을 무조건 준수해야 함은 당연하다. 혹 너무 적다고 생각하는 분이 있다면 불과 전년도인 2024년 8월까지는 3만 원이었다가 현재 5만 원으로 상향 조정되었다는 사실을 인지하시길 바란다.

　인문학적 개념에서 볼 때에도 이 먹는다는 의미는 우리 민족에게 보다 큰 의미를 부여하고 있다. 영어의 Family라는 단어를 한번 살펴보자. 이 Family의 개념을 중국에서는 일가(一家)라고 받아들이며 일본에서는 가족이라는 의미로 인식한다고 한다.

　우리나라의 경우는 이 두 가지 개념을 혼재하여 사용하는데, 한 가지 더 쓰는 말이 있다. 바로 식구(食口)다. 식구란 의미는 즉 밥을 같이 먹는 사이라는 것이다. 따라서 가족이란 밥을 함께 먹는 사이라는 의미가 되니 먹는 것 하나만으로도 정감이 철철 넘쳤던 민족이 바로 우리 한민족이다.

　이왕 먹거리 얘기가 나왔으니 한번 이런 것도 생각해 보자. 우리 모두가 잘 알고 있고 또한 강한 자부심을 갖게 하는 것이 바로 최근에 불고 있는 K-Pop을 비롯한 K-한류이다. 어떻게 하다 보니 이제 우리 것이 세계를 호령하고 있는데 이 못지않게 뜨고 있는 분야가 바로 K-Food이다.

　얼마 전 미국의 젊은 층을 대상으로 제일 선호하는 음식이 무엇인지를 묻는 설문조사의 결과를 들은 적이 있다. 그랬더니 그들이 제일 좋아하는 음식으로 우리나라가 수출한 냉동 김밥이었다는 다소 놀라운 소식을 접했다. 정말 의외였다. 왜냐하면 서양인들은 김이나 미역 같은 해조류는 사람이 먹지 못하는 것으로 인식하고, 잡혀도 모두 폐기 대상이었다고 한다. 그런데 각종 K 바람이 불면서 폐기 대상의 재료를 활용하여 서양인들의 입맛까지 바꿔 놓고 말았으니 거센 K 파고가 어디까지 미칠지 모르겠다.

그리고 한 가지 더 살펴보자. 조선시대 서당의 풍습 중에 '책거리'라는 것이 있었다. 한자로는 '세책례(洗冊禮)'라고 하여 책을 모두 배웠으니 그 책을 씻어낸다는 그런 의미가 된다. 이는 서당에 소속된 한 학동이 책 한 권을 다 배우고 나면 이를 축하하는 의미에서 그 학동의 부모가 감사의 의미로 훈장과 동료 학동들에게 간단한 음식을 제공하며 한턱낸다는 그런 자리였다. 그런데 이때 다른 학동의 부모도 품앗이 차원에서 다른 음식을 갖고 와 자리를 더욱 훈훈하게 만들었다. 서양에서는 Potluck Party라 하여 각자가 준비한 음식을 함께 모여 나누어 먹는다는 관습이 있는데 개념상 책거리와는 차이가 있어 보인다.

어쨌든 우리 민족은 먹거리에 진정성을 빚어 넣었다. 그런 민족이니 감사의 뜻으로 상식선에서 먹는 그런 음식물이라면 민원인과 공직자의 관계를 떠나 분명한 미풍양속으로 받아들여도 좋을 것 같다.

두 번째 내용은 선물이다. 공직자라면 어떤 민원인에게도 최선을 다해 성심껏 응대해야 한다. 힘있는 민원인에게는 잘 대해주고 반대로 힘없는 민원인에겐 대충 대해준다면 결코 올바른 공직자상은 분명 아니다.

공무원을 영어로 표기하면 Public Servant나 Civil Servant 또는 Government Employee로 쓴다. 여기에서 Servant에는 섬김이라는 개념이 포함되어 있다. 즉 공직자는 국민을 섬김의 대상으로 받들어야 한다는 의미가 있는 것이다.

그 섬김에 있어 차별이란 결코 있을 수 없다. 대한민국 헌법 제1조를 보면 "대한민국의 주권은 국민에게 있고, 모든 권력은 국민으로부터 나온다"라고 명시되어 있다. 즉 진정한 주권과 권력을 갖고 있는 국민들에게 성실한 섬김의 자세와 절대 차별을 두지 않는다는 원칙은 공직자로선 필수적 수명 사항이다.

이 공직자를 국가기관에 소속된 직원은 '공무원'이라 부르고 기타 공공기관에서는 공무원이 아닌 '공직자'로 부르고 있다. 글쎄, 굳이 그렇게 달리 부를 필요가 있는지는 잘 모르겠지만 어쨌든 실상황은 그렇다.

여기에서 공무원이란 단어가 정말 재미있다. 실제 강의 현장에서 나는 수강자들에게 공무원이 어떠한 의미인지 종종 물어보곤 한다. 거의 대부분이 국가적으로나 공적인 업무를 맡아 해당 기관으로부터 급여를 받으며 일하는 사람이라고 답변한다. 사전적인 의미로 본다면 거의 완벽한 대답이다. 그런데 여기에서 내가 실제 묻는 것은 어떤 기능적 측면보다는 공무원이란 말 자체가 무엇을 뜻하는지, 그 어원적 측면이다.

결국 이 문제도 한자를 좀 안다면 쉽게 그 답을 구할 수 있다. 공무원을 한자로 살펴보자. '公務員'이다. 나는 이런 국가나 공적인 일을 하는 사람을 누가 공무원이라 명명했는지는 모르겠지만 이 사람은 아마 이 지구상에서 가장 똑똑한 사람 중 한 명일 것이라 생각한다.

公務員을 각각 풀어보면 공평할 공(公) 자에 힘쓸 무(務) 자, 그리고 인원 원(員) 자이다. 즉 공무원이란 그 누구도 차별하지 않고 공평하게 일을 처리하는 사람이라는 어원적 의미를 지니고 있다. 얼마나 멋있는 말인가! 국민을 섬김에 있어 그 누구를 막론하고 공평정대하고 똑같이 귀하게 받든다는 의미는 우리 모든 국민이 원하고 요구하는 바로 그런 공직자상이 아니겠는가!

따라서 모든 공직자가 이러한 마음자세로 민원인을 대하며 최고의 행정 서비스를 제공하고 있는 것을 당연한 의무로 받아들이고 있는데, 예전에 어떤 부정적 인식을 갖고 있던 일부 민원인 입장에서는 이렇게 변한 공직자의 모습에 찬사를 보내며 진정으로 감사의 마음을 전하는 경우도 적지 않게 보게 된다. 하긴 자신의 쉽지 않은 민원 내용에 대해 담당 공직자가 마치 본인의 일처럼 헌신적인 모습을 보여줄 때 어떤 민원인인들 감사해하지 않겠는가?

이에 해당 민원인이 너무도 고맙다며 이건 내 마음속 작은 정성의 표시이니 꼭 좀 받아달라며 주는 선물에 대해서는 받아도 괜찮다는 것이 바로 이 내용이다. 다만 이것도 역시 상식선에서 이루어져야 함은 당연하기 때문에, 금액으로 어떤 기준을 제시한 것은 첫 번째인 음식물의 경우와 다르지 않다.

제일 처음 국민권익위원회에서 이 선물에의 상한액을 제시한 것은 5만 원이었다. 그런데 이에 반발하며 들고 일어난 집단이 있었으니 바로 농수산물 관계자였다. 그도 그럴 것이 농수산물의 가격이 워낙 치솟다 보니 명색이 선물인데 5만 원 내에서는 무엇 하나 제대로 선정하기 어려웠을 것에는 충분한 공감이 간다. 이에 권익위는 한 걸음 물러나 농수산물에 한해 10만 원까지라는 것으로 출발했다. 이 또한 시간이 흐르면서 지난 2024년 말 기준으로 15만 원까지 인상되어 지금에 이르고 있는데 인플레 현상에 맞춰 향후 역시 상향 조정될 수밖에 없음은 당연하다.

자, 여기에서 공직자는 물론 선물을 주고자 하는 민원인 또한 꼭 알고 있어야 할 중요한 내용이 한 가지 있다. 이 점을 간과하여 실제 불이익을 당한 공직자가 있었던 만큼 주는 사람이나 받는 사람이나 애초 고마움에 따른 좋은 취지가 엉뚱한 결과를 낳지 않게끔 상호 신경 쓸 일이다.

선물을 줄 때 딱 한 가지만 줄 수도 있지만 상황에 따라 2개 이상의 품목을 줄 수도 있다. 예를 들어 지갑 한 개와 사과 한 상자 등 2개 품목을 함께 선물했다고 보자. 이때 지갑은 공산품이고 사과는 농수산물이 된다. 공산품은 5만 원을 넘겨선 안 되고 농수산물은 15만 원 이내에서 선물해야 하는데 지금처럼 2개를 동시에 줄 경우 합산한 금액이 15만 원 이내에만 적법이란 것이다.

만일 지갑이 7만 원, 사과가 8만 원이었다고 한다면 합산 금액이 15만 원으로 적법인 것 같지만, 지갑이 공산품이기에 5만 원 이내여야 하므로 불법이 되고 만다. 따라서 이 경우는 지갑은 5만 원 이내, 그리고 사과는 10만 원 이내에서만 적법이므로 꼭 기억해야 한다. 아울러 이 15만 원 한도라는 금액이 우리나라 양대 명절인 설과 추석 기간의 경우 금액이 2배로 증액된다. 즉 D-24일부터 D일, 그리고 D+5일 등 총 30일간

씩 두 번 하여 60일의 명절 기간에는 공산품은 그대로 5만 원 이내이지만 농수산물에 한하여 30만 원까지 선물로 가능하다. 위 예에서와 같이 2가지 선물을 준다면 지갑은 5만 원 이내, 사과는 25만 원 이내에서만 적법이 된다. 어찌 보면 아이들의 유치한 숫자놀이처럼 보일 수도 있지만 법에 명시된 만큼 준수함은 지극히 당연하다.

끝으로, 세 번째 내용은 경조사이다. 민원인의 입장에서 볼 때, 자신의 민원 내용이 상당한 시간이 필요한 것으로 비교적 오랜 기간 담당 공직자와 마주해야 할 경우가 있을 수 있다. 그런데 이 와중에 그 담당 공직자에게 어떤 경조사가 발생하였다고 가정해 보자.

이때 민원인은 속으로 '찬스다!'라는 생각을 가질 수 있다. 평소라면 위 2가지에서처럼 식사를 하든 어떤 선물을 전하든 좀 더 잘해주고 싶은데 주어진 한도가 있으니 그 안에서만 처리가 가능했다. 그런데 담당 공직자에게 경조사가 발생한 것이다. 얼마나 귀한 기회인가! 해서 열심히 주판알을 굴리게 된다. 이번 민원 내용이 워낙 중요하니 담당자의 환심을 얻기 위해서라면 이 정도의 금액은 아깝지 않다며 꽤 큰 금액을 투척할 수도 있다. 그러나 이 또한 어떤 사회적 상식선은 분명히 필요한 부문이다. 그렇다고 경조사에 참석하면서 빈손으로 간다는 것도 우리 정서와는 거리가 있다.

이에 권익위에서 경조사의 경우 5만 원까지 가능하다는 기준을 제시했다. 그랬더니 이번에는 화훼 관계자들이 역시 가만있지 않았다. 우리 화훼 종사자들 다 죽으라는 얘기냐! 이에 다시 수정된 제시가 바로 현 시행령으로 발표된 현금인 경우 5만 원 이내, 그리고 화환 등은 10만 원 이내인 것이다.

자, 그런데 이 경우도 위 두 번째 상황인 선물의 조건과 똑같이 유의해야만 한다. 즉, 현금만 낼 경우는 5만 원 이내이지만 현금과 함께 화환도 보낸다면 두 품목 합쳐 15만 원이 아닌 10만 원 이내에서만 가능하다. 아울러 선물의 경우에도 그랬지만 만일 현금을 6만 원, 화환이 4만 원이었다면 합이 10만 원으로 적법이라 판단하기 쉽겠지만, 현금이 5만 원을 넘어서는 순간 합이 10만 원 이내라도 이미 적법 아닌 불법이 되고 만다. 꼭 유념할 부분이 아닐 수 없다.

뭐, 보다 솔직히 말한다면 요즈음 예식장에 직접 참석해서 축하를 해줄 경우 5만 원만 달랑 들고 가기에는 큰 눈치가 뒤따르게 된다. 차라리 그냥 송금 처리만 하고 아예 안 가는 것이 거의 공통적 인식이다. 일반 친구 사이에도 그런데 이게 민원인과 공직자 간의 사이라면 더더욱 그럴 수밖에 없다. 지방은 어떤지 잘 모르겠지만 서울에서는 조금 좋은 예식장이라면 10만 원을 내고도 내 밥값은 될지 은근히 신경 쓰이는 것이 사실이다.

그래도 규칙은 규칙이니 따를 수밖에 달리 뾰족한 수는 없다. 아마도 조만간 이 부문도 상향 조정이 불가피해 보이기는 하나 현재까지는 분명히 아니다.

청렴 실천 팁 ➡ 수치에 관한 한 무조건 제 규정 준수!

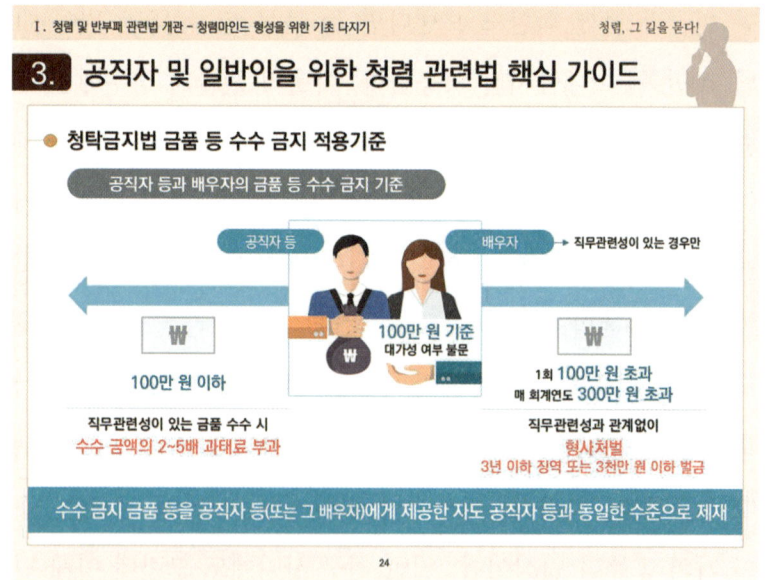

76p 그림은 금품 등을 수수 시 뒤따르게 되는 처벌 내용이다. 그러나 앞의 부정청탁 때의 처벌 내용처럼 현장 강의에서는 그림만 보여주고 다른 설명 없이 다음 페이지로 넘어간다. 물론 이때도 똑같은 멘트가 뒤따른다. "제악막작 중선봉행 정신을 살려 일체의 금품을 받지 않는다면 이 내용을 설명할 하등의 이유가 없습니다!"라고. 그런데 바로 이 대목에서 아직도 생생히 기억되는 현장 상황이 하나 있다.

어느 지방의회에서의 강의 때이다. 그렇게 멘트 후 다음 페이지로 넘어갔는데 수강하던 한 의원의 다급한 목소리가 들렸다.

"잠깐만요, 강사님. 지금 넘긴 페이지 다시 좀 보여주실래요?"

이에 당연히 전 페이지로 되돌렸다.

"지금 보면 100만 원 초과라고 나오는데 그럼 100만 원 밑으로는 받아도 된다는 것인가요?"

순간 한마디로 맥이 탁 풀렸다. 아마도 그분은 빠르게 화면을 넘기다 보니 화면의 오른쪽에 나타난 100만 원 초과 내용만 봤지, 왼쪽에 있는 100만 원 이하 내용은 미처 보지 못했던 것 같았다. 이와 관련된 실사례가 강의 현장에서 직접 있었던 만큼 이 부분 좀 더 들여다보자.

우리는 뉴스 등을 통해 어떤 금품이 오간 사건들을 적지 않게 접하면서 그 당사자들의 거의 공통된 해명을 듣게 되곤 한다.

즉, 이번에 관련된 금품은 우리가 개인적인 이러이러한 관계상 오간 것이지 절대 직무와 관련되어 발생된 것은 아니다 등의 거의 판에 박힌 내용이다. 글쎄, 민원인과 공직자의 관계에서 도대체 어느 누가 아무런 이해관계도 없는데 금품을 주고받을 수 있을까? 참 묘한 일이 아닐 수 없다. 차제에 다시 강조하고자 한다. 공직자는 절대 공직 기간 동안 어떤 금품도 받지 않겠다는 스스로의 맹약을 지켜야만 한다.

어쨌든 그 강의가 끝나자, 해당 의원이 곧바로 나에게 다가와 아까 질문을 잘못했다며 사과와 함께, 본인 역시 의원 기간 중에는 어떤 금품도 받지 않겠다는 굳은 의지를 피력했다.

I. 청렴 및 반부패 관련법 개관 - 청렴마인드 형성을 위한 기초 다지기   청렴, 그 길을 묻다!

3. 공직자 및 일반인을 위한 청렴 관련법 핵심 가이드

● 청탁금지법 금품 등 수수 금지 양벌 규정

- 종업원 등이 법인·단체 또는 개인의 업무에 관하여 위반행위를 한 경우 그 **행위자를 벌하는 외에** 법인·단체 또는 개인에게도 벌금 또는 과태료 부과
- 다만 법인·단체 또는 개인이 그 위반행위를 방지하기 위하여 해당 업무에 관하여 **상당한 주의와 감독을 게을리하지 아니한 경우** 사업주 면책

법인·단체의 대표자나
법인·단체 또는 개인의 대리인,
사용인, 그 밖의 종업원

법인·단체 또는
개인

그럼에도 불구하고 어떤 조직의 한 공직자가 금품을 받아 결국 처벌을 받게 된다는 상황을 한번 가정해 보자. 해당 공직자는 본인의 과오로 빚어진 결과인 만큼 어느 누구에게도 책임을 돌리거나 원망도 할 수 없는, 즉 오롯이 홀로 감당해야 하는 수원수구(誰怨誰咎)의 상태가 된다. 본인의 잘못으로 저질러진 일이기에 본인이 그에 합당한 처벌을 받게 되는 상황에 대해서는 어쩔 도리가 없다.

그러나 청탁금지법에는 '양벌 규정'이라는 것이 있다. 위 그림에서처럼 어느 한 공직자의 부당한 금품수수에 대해서는 해당 본인에게 책임을 묻는 것은 당연하고, 이 양벌 규정에 따라 소속 기관 또한 책임에서 자유로울 수 없음을 명시하고 있다.

따라서 모든 공직자는 자신의 부정행위가 본인은 물론, 본인이 소속된 기관과 함께 그 안의 다른 동료들에게까지 피해를 주게 된다는 사실을 직시하여 더더욱 몸가짐을 조심하고 깨끗이 해야 한다는 초심을 언제나 잊어서는 안 된다. 어떤 개인의 부정행위가 발생되면 그 소속 기관의 평가 또한 당연히 나쁘게 받을 수밖에 없고, 이는 곧바로 상여금의 지급률 또한 떨어뜨리는 요인이 되기 때문에 엉뚱하게 그 기관의 모든 직원이 어쩔 수 없이 영향을 받는 상황이 발생하기 때문이다.

여기에서 초심이라는 말이 나왔으니만큼 그럼 사람들은 왜 이러한 초심이 무너지며 갖가지 주변의 유혹에 넘어가는 것일까? 사람이 유혹에 빠지는 데에는 3개의 법칙이 존재한다고 한다. 여기에서 이 세 원칙을 한번 거론하는 것도 나름 의미 있어 보인다.

유혹에 빠지는 법칙

- 자아 고갈의 법칙 : 부패의 유혹에 저항하는 자아 에너지는 시간이 갈수록 고갈되어 결국 굴복하게 됨
- 도덕적 자기만족의 법칙 : 사람은 누구나 자신이 허용하는 한도 이내에서는 나쁜 짓을 서슴지 않는 행동을 함
- 이타성 합리화의 법칙 : 자신보다 남을 위한 목적이라 생각할 때 쉽게 부정을 저지르는 경향

위 세 번째인 이타성 합리화의 법칙 측면에서 실제 어떤 사례를 본 적이 있다.

모 기관에서 한 직원이 출장 일수 등을 늘리는 방법으로 출장비를 부당하게 더 받은 다음, 그 돈을 본인이 사용치는 않고 자신이 소속된 교회에 헌금으로 빈번히 제공하여 적발된 사례

였다. 아마도 그 직원은 본인이 직접 쓰지 않고 헌금으로 사용했으니 오히려 좋은 일을 한 것이라며 스스로를 합리화시켰던 것은 아닐지 모르겠다.

이러한 주변의 유혹에 빠지지 않을 가장 좋을 방법은 역시 초심, 즉 나쁜 짓 하지 않고 착한 일 두루 하겠다는 마음을 늘 지키고 잃지 않는 것이 무엇보다 중요하다.

청렴 실천 팁 ➡ 초심을 잃지 말자!

3. 공직자 및 일반인을 위한 청렴 관련법 핵심 가이드

● 청탁금지법 외부강의

외부강의 등의 판단 기준
- 교육·홍보·토론회·세미나·공청회 등 다수인을 대상으로 한 회의형태
- 용역이나 자문은 외부강의에 미해당

직무관련 외부강의 시 소속기관장에게 서면 신고
- 사례금 받을 시 강의 후 10일 이내 서면신고
  ※ 국가 또는 지방자치단체가 외부강의 요청할 경우 신고하지 않아도 가능
  ※ 사례금액 모르면 안 날부터 5일 이내 보완신고
- 공정한 직무수행을 저해할 우려가 있는 경우 외부강의 제한 가능
  ※ 외부강의로 상한액(1시간당) 40만원, 그 이상 강의하더라도 최대 60만원 넘을 수 없음
- 초과 금액 소속 기관장에게 신고, 제공자에게 초과금액 지체 없이 반환
- 신고 및 반환 미이행시 500만원 이하 과태료

적어도 공직자라면 자기가 하는 업무에 대해서는 우리나라

최고의 전문가라 자부해야 한다.

　물론 그렇지 못한 경우가 적지 않고, 또 물리적으로도 잦은 보직의 변경 등으로 그러한 환경 구축이 제대로 형성되기 어렵다는 현실적인 문제도 있다. 그러나 이 모든 것을 뛰어넘어 말 그대로 최고의 전문가가 되어야겠다는 야심과 노력조차 없다면 이 또한 국민을 섬겨야 할 올바른 공직자상은 분명 아니다.

　따라서 많은 공직자에게 본인이 하고 있는 직무와 관련하여 강의를 요청받는, 즉 외부강의가 기관별 차이는 있겠지만 적지 않다는 점은 상당히 바람직하다. 이러한 외부강의에 대해 법에서는 몇 가지 제한 단서를 두었는데 81p 그림이 바로 그 내용이다. 여기에서는 두 가지 정도 강조를 하고 싶다.

　2025년 1월, 전년도인 2024년에 강의를 했던 한 기관에서 전화가 왔다. 내용을 듣고 보니 바로 이 외부강의 부문에 대한 질문이었다. 해당 기관에서 외부강의와 관련하여 어떤 문제가 발생하였는데 내가 강의한 대로 용역이나 자문은 외부강의에 해당되지 않는 것이 확실히 맞느냐는 것이었다. 현장에서의 따끈따끈한 질문이었기에 다른 기관에서도 충분히 유사한 상황이 있을 수 있어 이 자리에서 분명히 거론하겠다.

　용역이나 자문은 외부강의에 해당되지 않는다. 이미 법에도 명시되어 있지만 권익위가 지난 2018년 발간한 '청탁금지법 유권해석 사례집'에서도 다수인을 대상으로 하거나 회의 형태가 아닌 용역이나 자문은 법 제10조의 규율대상인 외부강의 등에 해당되지 않음이라 분명히 명시하고 있다.

그리고 다른 한 가지는 제일 혼란이 일어날 수 있는 강의료 부문이다. 강의를 진행하고 나면 초청기관에서는 사례비, 즉 강의료를 지급하게 된다. 물론 지급을 하지 않을 수도 있다. 하지만 어떤 특별한 사유가 있다면 몰라도 다른 기관 사람을 초청해 강의까지 듣고 사례하지 않는 경우는 거의 없다. 참 이 돈이라는 것이 그렇다. 당장 나부터도 강의 요청이 들어오면 일시와 장소, 강의 범위 등만 확인하지 강의료는 얼마를 주는지 단 한 번도 물어본 적이 없다. 그 이유는 분명히 있다. 명색이 청렴전문 강사이면서 내 입으로 돈에 대해 운운하는 것이 정말 내키지 않기 때문이다.

어차피 강의하고 나면 대략 1~2주 후에 통장으로 세금을 뗀 강의료가 입금된다. 간혹 2~3개월이 지나 입금이 되는 조금은 이해하기 어려운 경우도 없지는 않다. 요즈음은 100퍼센트 통장으로 입금되지, 현금으로 받아본 적은 한 번도 없다. 이렇게 얼마간 있으면 통장을 통해 얼마를 받았는지 알 수가 있는데 굳이 미리 물어볼 필요성은 전혀 느끼지 못한다.

만약 강의료를 먼저 물어본 후 너무 적다고 생각되면 그 강의 안 하겠다고 할 것인가? 그런데 교육 담당들의 얘기를 들어보면 실제로 그런 사례가 적지 않다고 한다. 나로서는 참 이해하기 어려운 부문이다. 다른 분야라면 또 모르겠다. 명색이 청렴강의인데 강의료가 적다고 안 한다는 것은 아무리 생각해도 수긍 못 하겠다.

앞에서도 거론한 바 있지만 나는 우리나라 청렴점수가 75점이 될 때까지 모든 신명을 다 바치기로 결심했다. 예산이 없어 돈을 못 준다면 얼마든지 무료 강의는 물론 교통비 등도 자비로 부담해 갔다. 실제로 군부대 등에서 그런 경우도 몇 번 있었다.

2019년 9월, 강의를 처음 시작하면서 통장을 별도로 만들어 관리해 오고 있다. 그리고 원칙도 세웠다. 비록 국민연금과 추가로 준비했던 개인연금으로 조금은 빠듯한 은퇴 후 생활을 하고는 있지만, 강의에서 들어오는 수입은 내 개인이 아닌 주변의 어려운 사람들, 수재나 산불 의연금 같은 의미 있는 모금, 그리고 참전 용사들 지원같이 사회의 그늘진 곳이나 장학기금 등 꼭 필요한 곳을 위해 쓰겠다는 원칙이며, 지금까지 성실히 수행하고 있다. 따라서 강의 후 받게 될 강의료에 대해 전혀 신경 쓸 필요도 없고 이유도 없다.

그러나 이는 현직이 아닌 나같이 은퇴한 사람에게나 가용한 얘기다. 현직에 있는 모든 공직자는 이렇게 강의료가 얼마인지 무심하면 안 된다. 사실 강의 요청이 왔는데 강의료를 얼마나 주느냐며 묻는다는 것이 무척 쑥스러운 일이긴 하다. 그러나 모든 현직에 있는 공직자는 아무리 쑥스럽다고 해도 무조건 물어봐야 한다.

그 이유는 그림에도 나와 있지만 강의료에는 그 상한액이 정해져 있기 때문이다. 즉 교직과 언론인이 아닌 그 외 모든 공직자는 1시간 기준으로 40만 원을, 그리고 2시간이든 3시간이든 그 이상은 최대 60만 원을 초과하여 받을 수가 없다.

예를 들어 1시간을 강의했는데 나중에 통장에 50만 원이 입금된 사실을 알게 되었다고 가정해 보자. 이때부터 정말 피곤한 일이 발생한다. 죄라면 돈 얘기하기가 뭐해 묻지 않은 죄밖에 없는데, 초과된 이 10만 원을 다시 되돌려줌은 물론 이 과정 중 무려 세 차례에 걸쳐 소속 기관장과 공식 문서를 보내고 받는 절차를 남겨야 한다. 평소 일상적인 업무만 해도 바쁘기 그지없는데 예상치 않은 일로 정말 짜증 나는 이 같은 일이 계속 벌어지는 만큼 꼭 신경을 써야만 한다.

정리하면, 강의 요청이 오게 되면 총 강의 시간은 몇 시간인지, 그리고 이에 따른 강의료는 얼마를 줄 것인지를 물어, 사후 불필요한 일에 얽매이지 않도록 필히 유념해야 한다. 이때 금액의 기준은 당연히 세전 금액을 말한다.

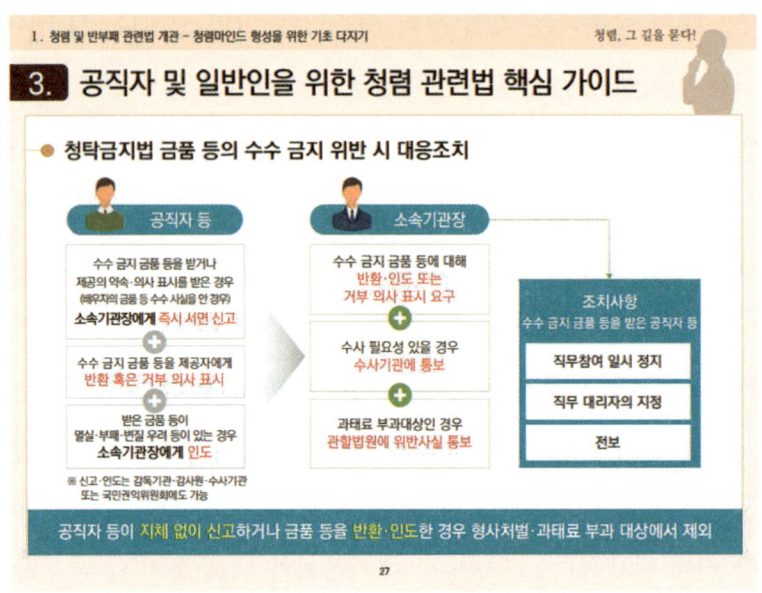

청탁금지법의 핵심적 내용 두 분야는 부정청탁 금지와 금품 등의 수수 금지라는 것은 이미 앞에서 얘기한 바 있다. 그리고 부정청탁을 받았을 때 그 대처법 역시 소개하였다.

위 그림은 금품 등을 받았을 경우에 대한 대처법이다. 이 또한 공직자들이 정확히 인지하고 있어야 할 사항임은 당연하다. 부정청탁 시의 대처법은 1차 명확한 구두 거절, 2차 기관장에 서면 신고라고 했다.

그럼, 이와 달리 금품을 받았을 경우는 어떻게 대처해야 할까? 이 경우에는 부정청탁 절차와는 조금 다르다. 금품의 경우에는 1차와 2차의 개념이 없다. 단 한 번의 조치로 완료해야 한다.

어느 민원인으로부터 아무런 예고도 없이 갑자기 금품을 받았다고 가정하자. 이때는 즉시 그 자리에서 받은 금품을 돌려주고 이후 소속 기관장에게 곧바로 서면을 통해 이 사실을 신고해야 한다. 실제로 현장에서 받은 금품을 즉시 돌려주기는 했으나 기관장에게 서면 신고를 하지 않아 불이익을 받은 공직자의 사례가 있다. 아마도 이 공직자는 이러한 절차를 정확히 인지하지 못한 채 받지 않고 돌려주었으니 괜찮다고만 생각했을 것이다.

모든 공직자는 이 점을 꼭 기억해야 한다. 따라서 업무 성격상 민원인을 많이 접하게 되는 공직자는 평소 자주 만나게 되는 민원인에게 늘 주의를 당부할 필요가 있다. 즉, "만일 관련 민원인이 나에게 금품을 주는 경우 즉시 되돌려줌은 물론이고, 몇 월 며칠에 어떤 민원인이 이러한 금품을 제공하여 바로 돌려주었다고 서면으로 신고해야 한다. 그러면 우리 둘 다 정말 입장이 곤란해지니만큼 절대 금품 제공은 생각조차도 하지 말라"와 같은 엄정한 내용의 당부이다.

 그 이후 기관장이 조치해야 할 추가적인 행정조치와 선량한 공직자를 보호하기 위한 제반조치는 부정청탁의 경우와 다르지 않다.

한줄요약 ➡ 금품 수수 시 대처법 :
받은 즉시 돌려주고 곧바로 기관장에 서면 신고

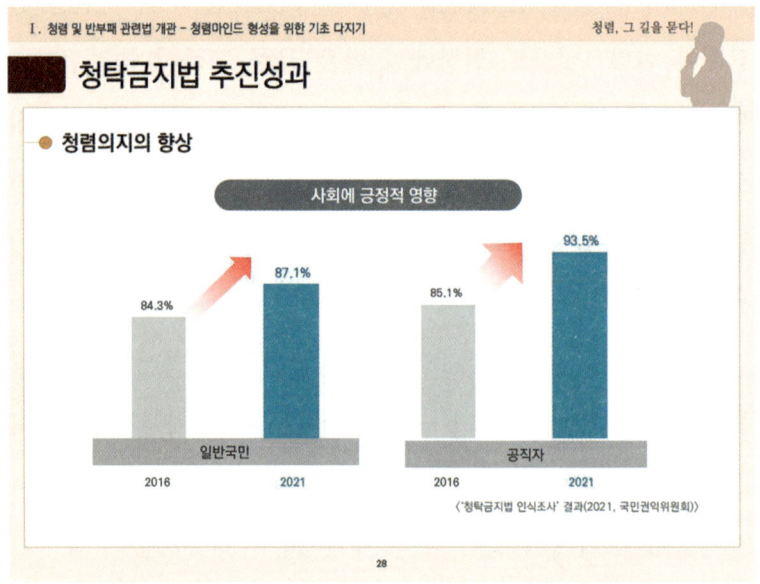

 청탁금지법이 제정된 날은 2016년 9월 28일이다. 이로부터 5년 뒤 권익위에서는 과연 이 법이 처음 출발했던 시점과 비교

하여 우리 사회에 어떤 영향을 끼쳤는지 조사를 해보았다.

앞 페이지 그림은 두 시점의 비교를 나타낸 도표이다.

이 법의 인식조사 결과를 살펴보니 일반국민은 2016년 시작 때는 84.3%의 긍정에서 5년 뒤 87.1%로 변동 폭이 그리 크지 않다. 그러나 공직자의 시각은 85.1%에서 93.5%로 대폭 향상된 것을 볼 수 있다. 이것이 과연 무엇을 의미하는 것일까?

아무래도 일반국민 입장에서는 공직자의 업무 환경 전반을 제대로 인지하기 쉽지 않지만, 공공기관을 드나들며 느낀 체감도가 그래도 조금은 나아졌다는 인식이었을 것 같다. 그러나 공직자는 이와 달리 상당히 높은 폭을 보여주었는데, 이 의미는 동 법이 공직자들을 제대로 보호해 주고 있다는 인식을 갖고 있는 것은 아닐까 싶다.

즉 예전에는 공직자가 정당한 업무를 수행하고자 해도 주변의 보이지 않는 압력과 오랜 기간에 걸쳐 이어온 좋지 못한 관습에 포기했지만, 이 법 시행 후 보다 적극적인 보호를 받으면서 소신 있는 행동이 더 가능해졌다는 표시일 것 같다. 이제 1년 뒤인 2026년에는 법 시행 10년 차에 들어가게 된다. 이때 다시 한번 조사하게 되면 이 수치는 거의 100%에 이르지 않을까 기대된다.

여기에서 나는 우리나라 모든 공직자에게 분명히 전달하고 싶은 것이 하나 있다. 그것은 현재 나와 있는 모든 반부패 관련법이 결코 우리 공직자들을 옭아매기 위해서 만든 법이 아니라는 점이다. 그보다는 우리 공직자들이 정당하게 일 처리를 한다는 전제에서 모든 공직자를 오히려 보호하기 위해 만들어진 것임을 분명히 밝히고 싶다.

위 그림은 청탁금지법이 시행되자 세계 각국에서 이 법이 만들어진 것에 대해 전반적으로 한국이 청렴한 사회 구축을 위해 대단히 좋은 법을 만들었다는 칭찬과 함께 긍정적 인식을 보여

준 내용이다. 이 모든 상황을 종합적으로 고려해 볼 때 청탁금지법의 출현은 상당히 성공적인 것이라 평가하고 싶다.

　이상으로 청렴의 개념과 필요성, 그리고 청탁금지법을 중심으로 한 관련분야 법 등을 살펴보았다. 여기에서 청렴교육을 담당하고 있는 관련 공직자분들에게 꼭 전하고 싶은 이야기가 있다.
　당연히 강의를 위한 최초의 행정적 절차는 교육 담당자와 이루어지게 된다. 대부분의 담당자는 나의 강의 방법을 설명한 뒤 주어진 시간의 교육 진행을 일임해 달라고 요청하면 흔쾌히 받아들여 모든 것을 일임해 준다. 그러나 어떤 담당자는 이번 교육에는 이러이러한 특정 반부패법을 중심으로 강의를 해 달라든가, 아니면 사례 중심으로 강의를 해 달라는, 보다 구체적인 요청을 하는 경우도 적지 않다.
　강사인 내 입장에서는 수요기관이 어떤 특정한 요청을 하고 별다른 문제가 없다면 이를 받아들여 그렇게 진행할 수밖에 없기는 하다. 물론 여기에는 그렇게 해야 할 이유가 있음을 또한 잘 알고 있다. 통상 한 해가 바뀌면 권익위에서 모든 공공기관에 올해는 청탁금지법이라든지 아니면 공직자 행동강령이라든지 어느 특정 법을 중점적으로 교육하라는 지침이 통보되는 것으로 알고 있다. 따라서 교육 담당 입장에서는 이 지침에 따르고자 하는 것이니 무리는 아니다. 아울러 사례 중심의 강의를 요청하는 배경에는 소속 직원들의 요청도 있었을 것이라는 점도 대략 알고 있다.

그러나 그동안 수많은 강의 뒤 수강자들의 반응을 보면 나에게 일임했을 경우의 강의 만족도가 구체적인 요청에 따랐을 때보다 월등히 높다는 사실이다. 따라서 이 점 참고하여 일임할지, 아니면 구체적인 요청을 할지 판단하였으면 좋겠다.

어차피 법 내용 중 꼭 필요한 부분은 모두 포함시키고 있다. 그러나 어떤 특정 법에 대해 중점적인 강의를 요청받게 되면 그에 맞추기 위해 보다 디테일한 부분까지 들어갈 수밖에 없다. 주어진 조문 등을 하나씩 살펴보고 또 굳이 설명할 필요를 못 느끼는, 그래서 위에서도 밝혔듯이 그냥 넘기는 처벌 내용 등등도 다루게 된다. 결국 이러한 결과는 다른 중요한 내용들을 건너뛸 수밖에 없다는 시간상의 제약을 받게 됨은 당연하다. 즉 정작 하고 싶은 강의 내용을 생략할 수밖에 없는 안타까운 상황을 맞이하게 된다.

그리고 사례 중심 강의는 솔직히 다루고 싶지 않다. 그 이유는 사례라고 하는 것이 하나같이 범법 내용이기 때문이다. 어느 기관에서 누가 이렇게 공금을 횡령이나 유용을 했고 공적 물품을 이 같은 방식으로 사유화했다 등등, 범법의 구체적인 사실들을 쭉 나열하고 있는 것이 바로 사례다. 내 개인적인 생각에는 도대체 이런 것을 왜 강의해야 하는지 이해하기 쉽지 않다. 한마디로 이렇게 돈 빼먹는 방법이 있으니 한번 활용해 보라는 무슨 기술 전수라도 시키자는 것인가?

일반적으로 사회에서 죄를 짓게 되면 그 범죄자를 교도소로 보내는데 이곳에서 자신의 죄를 참회하고 갱생시켜 다시 올바른 이 사회의 일원으로 탈바꿈시키자는 목적이 있다. 교도소를 한자로 보면 矯導所이다. 바로잡을 교(矯) 자와 인도할 도(導) 자를 쓴다. 즉 교도소란 죄를 지은 사람을 올바르게 인도하여 새 사람을 만드는 장소라는 뜻이다. 정말 좋은 의미를 지니고 있는데 현실은 어떠한가? 거기에서 만난 사람들로부터 어떤 나쁜 기술들을 전수받아 사회에 복귀 후 한마디로 현장 실습을 하고 있는 악순환을 반복적으로 벌이고 있는 경우가 적지 않다.

따라서 나는 이 사례강의라는 것 자체에 상당한 회의감을 갖고 있는 것이 사실이다. 그 강의 대상이 우리나라 최고의 엘리트층인 대한민국 공직자라는 점에서 더더욱 그렇다. 범죄를 저지르는 공직자의 비율은 우리나라 전체 공직자 중 1%도 안 되는 극소수다.

그럼, 그 사람들이 자신이 행한 일들이 범죄라는 사실을 모르고 저지르는 것일까? 아니다. 당연히 알면서 순간적인 유혹 등에 넘어간 결과이다. 만일 그렇게 하면 범죄인 줄 정말 몰랐다고 하면 우리 같은 청렴전문 강사 등을 통해 사례교육이나 보다 적합한 관련 교육이 필요하다고 하겠다. 그러나 그것이 아님이 분명한데 굳이 타 기관에서 일어난 사례 중심의 강의를 할 이유가 없다.

그보다 더 중요한 것은 공직자의 인성을 크게 함양시켜 범죄를 죄악시하고 또 청렴마인드를 굳게 다질 수 있는 인문학적 소양제고 등이 훨씬 효율적인 방법임을 굳게 믿고 있기 때문이다. 따라서 교육담당 공직자께서는 이 모든 상황을 종합적으로 고려하여 보다 효율적이면서 재미있고도 유익한 청렴교육이 이루어지도록 숙고해주시면 좋겠다.

아울러 이 문제와는 별도로 중요한 팁 하나를 전하고 싶다. 소속 기관에서 어떠한 상황이 발생하였는데 이것이 과연 관련 법이나 기관 자체 규정에 맞는지 아니면 위배되는지, 명확한 판단이 어려울 경우가 간혹 발생할 수 있다.

이때는 자체적으로 판단하지 말고 꼭 권익위에 공문으로 질의하고 역시 공문으로 회신을 받으라는 방법이다. 이렇게 회신

된 내용을 근거로 업무처리를 하게 되면 혹시라도 차후에 야기될 수 있는 법적, 업무적 부담을 크게 줄일 수 있다. 이 점, 잘 활용하시길 바란다!

> **실전 업무처리 팁 ➡ 제 규정 적용 모호한 업무 :**
> 　　　　　　　　　　권익위에 공문질의 및 회신에 근거해 처리

지금까지 청렴과 관련된 여러 제반사항을 꼭 필요한 내용을 중심으로 설명했다. 그런데 여기에서 법정교육인 까닭에 싫든 좋든 의무적으로 매년 2시간 이상씩 반부패 교육을 받고 있는 모든 공직자에게 꼭 전달하고 싶은 내용이 있다.

현장에서 강의를 시작하면서 좀 짓궂은 질문을 할 때가 가끔 생긴다. 즉 그동안 많은 청렴교육을 받아왔는데 재미있고 도움이 되었냐는 질문이다. 그러면 거의 모든 사람이 머리를 흔들거나 아예 인상까지 찌푸린다. 더 나아가서는 완전한 반어법적 표현으로 너무너무 재미있었다며 우렁찬 대답을 하는 수강자도 왕왕 있다. 안타깝지만 우리나라 청렴교육의 현주소이다. 아마 의무적인 법정교육이 아니고 선택해서 듣는 교육이라고 한다면 글쎄, 아무리 많이 보아도 전 공직자의 10%를 넘기기

결코 쉽지 않을 것 같다.

그렇다면 늘 거의 비슷한 내용이고 기껏해야 법령 자구 몇 개나 수치 변경 정도가 달라진 것을 듣기 위해 매년 이렇게 반복적으로 교육을 받을 필요가 있는지 의문을 가질 수도 있다. 이런 의문을 가진 수강자를 위해 반복교육의 필요성과 그 불가피성을 잠깐 설명하고자 한다.

미국 듀크 대학에 댄 애리얼리(Dan Ariely)라는 경제학 교수가 있다. 이 사람이 인간의 본성에 대해 『거짓말을 하는 착한 사람들』이라는 그의 저서를 통해 참 흥미로운 주장을 했다. 이 저서의 원명은 "The honest truth about dishonesty"이다.

그 내용은 세상 사람들의 1%는 절대 남의 물건을 훔치지 않는 반면, 또 다른 1%는 어떻게든 자물쇠를 열어 남의 물건을 훔쳐 간다. 나머지 98%는 조건이 제대로 갖추어진 상태에서만 정직한 사람으로 남는다고 했다.

무척이나 흥미롭다. 위에서 각각의 1%는 얼핏 맹자의 성선설과 순자의 성악설에 근본적으로 해당되는 사람들이 아닐까 싶다. 그리고 나머지 98%는 맹자와 순자가 강조했던 어떠한 교육을 시키느냐에 따라 각각의 1%에 편입할 수 있는 잠재적인 이동 가능자들로도 볼 수 있을 것 같다. 즉 교육의 중요성을 강조한 것이다.

일상에서도 아이들이 외출하게 되면 부모가 매번 꼭 하는 말이 있다. 차 조심하라고! 하긴 꼭 어른들이 아이들에게만 하는 말만은 아니다. 70대의 노부모가 40대나 50대의 성인 자녀에게도 같은 당부를 한다는 얘기는 주위에서 많이 듣는 내용이다. 부모는 자녀가 아무리 나이가 들어도 그렇게 우려의 대상일 수밖에 없음은 인지상정이다. 늘 귀에 못 박힌 얘기이지만 백 번을 강조해도 지나침이 없는 내용이기에 그 무한한 반복이 계속됨에도 전혀 반발하지 않는다. 바로 이 부분이다.

우리 청렴교육도 뻔히 아는 내용이고 범법을 저지르면 그 대가를 치러야 하는 것도 모르는바 아니지만 이렇게 반복적인 교육을 통해 98%를 좋은 사람으로 유지시키기 위한 어쩔 수 없는 선택이다. 논어에 "성상근야(性相近也) 습상원야(習相遠也)"라는 말이 있다. 본성은 서로 비슷하지만 이후 인생은 무엇을 반복하는가에 달려 있다는 뜻이다.

댄 애리얼리 교수의 주장과 논어의 이 구절을 원천적으로 들여다보면 어떤 연결고리가 있어 보인다. 아울러 이러한 교육에의 포괄적 범위 안에는 적절한 외부감독과 내부통제라는 보조적인 역할도 포함되어 있다. 따라서 지속적인 감사와 다양한 내부통제 방식으로 98%라는 범주를 벗어나지 않게끔 하는 것이 반복되는 광의의 교육목적이라 하겠다. 부패라는 것이 옳지 않은 통제의 결과(Corruption is the result of bad governance.)라는 점에서 매년 이루어지는 청렴교육에의 필요성을 꼭 인지하시길 바란다.

그리고 모든 공직자에게 두 손 모아 간곡히 호소하고 싶은 말이 하나 더 있다. 어느 교육지청에서의 강의였는데, 교육 담당이 사전에 이런 요청을 했다. 청렴의 범주에 있는 내용은 아니지만 강의 도중 꼭 음주운전을 해서는 안 된다는 점을 말해 달라는 요청이었다. 기관 내에 그럴만한 사정이 있었던 모양이다.

나 역시 이 음주운전의 폐해에 대해서는 누구보다도 그 심각성을 알기에 당연히 응했고, 그 이후 다른 강의 현장에서도 힘주어 강조해 오고 있다. 그동안 초등학생 사망 등 너무도 안타까운 교통사고 현장에서 공직자의 음주운전으로 그 같은 사고가 발생했다는 뉴스를 자주 들어왔다. 그리고 이 글을 쓰고 있는 바로 어제에도 공직자의 음주운전으로 또 누군가의 생명을 앗아갔다는 뉴스를 접했다. 일반인도 당연히 해서는 안 되는 음주운전을 명색이 국민을 섬긴다는 공직자가 범하여 국민 생명을 빼앗는다는 것이 도대체 말이 되는가.

당연히 이 부분은 청렴과도 연결이 된다. 정말 청렴하다면 교통사고 당사자뿐만 아니라 그 가정 전체를 파괴할 수 있는 음주운전을 어떻게 할 수 있다는 것인지 도저히 받아들일 수가 없다. 이는 나쁜 짓 하지 말고 착한 일 두루 하라는 일상의 청렴정신에 완전히 반하는 행동이다. 누가 아예 술 먹지 말라는 것도 아니지 않은가. 단 한 방울이라도 입에 댔다면 택시를 타고 가든 대리기사를 호출하든, 그때만 운전을 피하면 되니 더 이상 공직자의 음주운전으로 인해 무고한 국민의 생명이 위협받는 행위는 없어져야만 한다. 대한민국의 모든 공직자는 이 시간 이후 청렴결백의 정신으로 음주운전과는 완벽한 결별을 실천하기를 다시 한번 두 손 모아 간절히 호소한다.

청렴 실천 팁 ➡ 공직자의 사전에 음주 운전이란 없다!

1. 조선 청백리 – 그 고귀한 삶의 흔적
2. 사불삼거(四不三拒) – 조선 관리의 올곧은 청렴 결기
3. 다산(茶山)의 출사표 –공정과 청렴의 다산 철학
4. 다산(茶山)의 세 가지 청렴 – 재물, 색, 직위
5. 신흠, 대쪽 같은 조선 선비정신의 숭고한 결정체
6. 법정 스님의 무소유 – 비움에서 시작되는 청렴
7. 뛰어난 인간관계의 대가 – 전국시대 맹상군
8. 서산대사 – 인생의 삶과 죽음을 말하다
9. 꽃과 쓰레기 – 무엇을 선택할 것인가, 어떤 삶을 누릴 것인가

II
인문학적 소양

선현들의 삶에서 배우는
청렴의 품격

1
조선 청백리
그 고귀한 삶의 흔적

조선의 청백리

- **정 의** 관직 수행능력과 청렴, 근검, 도덕, 경효, 인의 등의 덕목을 겸비한 이상적인 관료상
- **선 발 방 법** 2품 이상 당상관과 사헌부, 사간원의 수장이 천거하고 임금의 재가 후 의정부에서 선출
- **호칭(명종 이후)**
  - 생존 : 염근리(廉勤吏)
  - 사후 : 청백리(淸白吏)
- **선 정 인 원** 218명
- **대 표 인 물** 맹사성, 황희, 최만리, 이현보, 이황, 이원익, 김장생, 이항복
- **특 전** 청백리가 된 선조의 가문에는 그 후손이 음덕으로 벼슬길 진출
- **정 신**
  - 멸사봉공(滅私奉公) : 사적인 것을 배제하고 공적인 것을 중시
  - 선공후사(先公後私) : 사적인 것보다 공적인 것을 우선시

이제 제1부 청렴과 관련된 여러 사항을 살펴본 데에 이어, 제2부에서는 인문학적 소양 함양에 대한 시간을 가져보기로 하자. 그 첫 내용은 조선시대 청백리 시스템이다. 조선시대에 청백리 제도가 운용되었다는 점은 익히 잘 알려진 내용이다.

그러나 이 부문에서 내심 적지 아니 당황했던 기억도 있다.

어느 연구기관에서의 강의 때이다. 102p의 그림을 화면에 켜고 "여러분, 조선시대에 청백리 시스템이 있었다는 것은 모두 잘 알고 계시죠?"라고 호응을 일으키는데, 앞에 앉아 있던 아주 젊은 한 직원이 "아니오. 청백리라는 말을 처음 들어보는데요!" 하며 어리둥절한 모습을 보여주었다. 당연히 공직자라면 무조건 알고 있을 것이라는 나의 선입견은 잠시 흔들릴 수밖에 없었다. 수많은 강의 중에 언제든 일어날 수 있는 하나의 해프닝으로 이러한 돌발 사태에 적절하고 기민한 대처를 취하는 것도 좋은 강사가 되기 위한 한 가지 조건은 아닐까 싶다.

어쨌든, 이러한 조선시대의 청백리에 대해 한번 살펴보자. 그 정의는 위 그림에서와 같이 관직 수행능력과 청렴, 근검, 도덕, 경효, 인의 등의 덕목을 겸비한 이상적인 관료상의 인물을 일컫는다. 한마디로 슈퍼스타를 요구하고 있다. 청렴을 강의하고 있는 나로서도 과연 이 많은 조건들을 제대로 수행한다는 것은 언감생심(焉敢生心)이고, 조금씩이라도 흉내조차 낼 수 있을지 모를 정도로 좋다는 것은 모두 다 갖춘 거의 완벽한 사람을 청백리라 칭하였다.

현재에도 공직자 세계에선 청백리상이라 하여 많은 기관에서 올바른 공직자들에게 포상을 시행하고 있을 만큼 공직자들의 선망이 되는 상징성 높은 수상 이름이다. 그러니 조선시대에도 이러한 청백리를 선정하는 데 있어서는 그만큼 신중하고 까다로운 과정과 절차가 뒤를 따랐다.

그 선발방법을 보면 맨 처음 2품 이상의 당상관과 사헌부 및 사간원 등 관련기관 수장으로부터의 추천을 받는 것으로 시작한다. 그러면 이런 관련 내용에 대해 암행어사가 공적 조서와 해당자의 행적이 일치하는지 세밀한 조사를 하게 되고, 이상이 없으면 임금이 재가하는 것으로 절차가 이어진다. 왕의 재가, 즉 결재가 이루어졌으니 당연히 당사자는 청백리라는 드높은 자리에 오르게 되는데 이게 꼭 그렇지만은 않았다. 제일 최종 관문은 의정부에서 선출하는 것이 아직 남아있었기 때문이다.

현재의 민주정이나 공화정 시스템도 아니고 당시는 왕권시대, 즉 모든 것을 왕이 좌지우지할 수 있는 엄연한 왕조시대였다. 백성의 생사여탈권까지 쥐고 있는 왕의 지시로 갑이라는 어떤 특정인을 수상자로 선발하는 자리인데 바로 이 최종 선발권을 왕이 아닌 의정부에서 갖고 있다는 것은 놀라운 사실이다. 그냥 단순한 형식적인 절차가 아니었고 비토권, 즉 왕의 명령이 있었지만, 거부권을 행사할 수 있다는 특징이 있었다.

우리가 알고 있는 왕조시대의 상식을 완전히 뒤엎는 정말 놀라운 사실이 아닐 수 없다. 아무리 왕명이 있었지만, 이 사람은 과거에 이러이러한 비리라든가 옳지 못한 언사가 있었기에 청백리로 올릴 수 없다는 의정부의 견해 앞에 왕도 어쩔 수 없던 것 같다. 물론 실제 이러한 경우가 얼마나 있었는지 제대로 파악하긴 쉽지 않다. 어쨌든 주어진 절차가 이와 같다는 사실에 무척 놀라울 따름이다.

다양한 공공기관들을 대상으로 많은 강의를 다니다 보니 역사 전공자나 역사 전문가들이 주를 이루고 있는 기관에서도 강의를 하게 된다. 사실 이런 기관에서 강의하게 되면 은근히 긴장되는 점이 없지 않다. 내가 역사 전공자가 아니기에 전문가의 시선에서는 혹 사실과 달리 볼 수도 있기 때문이다. 아무튼 그런 역사 연구기관에서 강의했을 때였다.

강의 전에 미리 이런 부탁을 했다. 혹시라도 강의 후 어떤 피드백을 주신다면 정말 큰 도움이 될 수 있으니 아낌없는 말씀을 부탁한다고 했다. 그리고 실로 고맙게도 한 연구원이 바로 이 청백리에 대한 피드백을 주셨다. 내용상 어떤 오류는 없지만 그때의 청백리 개념과 지금의 그것과는 미묘한 차이를 감안해서 볼 필요가 있다고 했다.

조선시대의 청렴 개념은 국왕에 충성하고 효를 행하며 사회

질서를 안정되게 운용되도록 하는 관리를 청백리로 인식하고 있었다고 한다. 즉 국왕의 국정 통치기법의 하나로 봐야 하며, 현재의 부정부패나 청탁의 기준 등과는 어떤 차이가 있다고도 했다. 충분히 공감 가는 피드백이었다.

어쨌든 큰 개념에서 볼 때 그때나 지금이나 청백리에 대한 원천적 인식은 별반 다르지 않았을 것으로 생각된다. 상황이야 어떻든 임금의 결정에 거부할 수 있는 왕조시대의 상식을 초월한 놀라운 시스템을 갖고 있었다는 점에서 청백리의 가치가 더욱 빛을 발하는 것은 분명해 보인다. 이 자리를 빌려 좋은 피드백을 주셨던 관련자분께 다시 한번 감사의 말씀을 드리고 싶다.

조선시대 역사를 공부하면서 느낀 점 중의 하나는 국가적 시스템이 참 잘 갖추어져 있었다는 점이다. 다만 이토록이나 훌륭한 시스템을 제대로 운용하지 못했기에 결국은 왕조가 무너지고 말았다는 안타까움은 대단히 크다. 만일 이 멋진 시스템을 제대로만 운용했다면, 일제의 식민 지배라든가 4대 강국에 둘러싸인 샌드위치의 신세라든가 등등 우리의 아픈 역사는 아마도 없지 않았을까 하는 아쉬움을 달래보게 된다. 그보다는 오히려 지금쯤 세계를 아우르는 1등 국가인 멋진 나라가 되어 있지는 않았을까?

'청백리'라는 호칭은 최초 구분 없이 불리다가 명종 이후 살아계신 분에게는 '염근리'라 불렀고, 돌아가시게 되면 '청백리'라 했다. 왜 그렇게 구분하였는지 확실히는 모르겠지만 살아생전 끝까지 최선의 모습을 보였을 때 이를 기리기 위한 추존의 의미가 담겨있지 않을까 추측해 본다.

통상 우리가 조선시대의 기간을 얘기할 때 조선 500년사라고 한다. 그럼 보다 정확한 기간은 어떠할까? 1392년 태조 이성계의 개국 이후 1910년 한일 강제병합에 이르기까지 총 518년이 된다. 한 왕조가 500년 이상 존속했다는 것은 세계사를 통틀어 보더라도 결코 흔치 않은 기록이다. 저 유명한 진시황제가 BC 221년에 천하통일을 이룬 뒤 다시 그 진나라가 BC 206년에 망하기까지는 겨우 15년의 찰나적 시간에 불과했던 만큼 500년사라는 것은 실로 대단하다 하겠다.

어쨌든 이 조선 500년사에 배출된 청백리의 총 인원은 218명(근거자료에 따라 217명이라는 2개의 기록이 상존)에 불과하다. 이는 개략적으로 보더라도 약 2.5년에 1명꼴로 그 희소성은 대단한 가치를 지니고 있어 보인다. 한마디로 아무나 할 수 있는 자리는 분명 아니었던 것 같다. 이러한 청백리의 대표적 인물로는 위 그림에서와 같이 맹사성, 황희 등 우리 역사에 기라성 같은 인물로 거의 망라되어 있다.

통상 강의를 다니다 보면 2시간의 강의가 일반적이다. 아마도 이 2시간은 모든 공공기관이 연 2시간 이상의 청렴교육을 이수해야 한다는 관련법의 기준에 의해 마련된 게 아닌가 싶다. 그러나 종종 해당 기관의 사정상 1시간만 해달라는 경우도 발생하곤 한다. 그러한 경우는 반부패 교육과 더불어 보안이나 성교육 등 다른 법정 교육도 함께 진행하려다 보니 어쩔 수 없이 시간을 조절해야 하는 이유가 제일 많다. 따라서 이렇게 줄어든 상황에서는 상당 부분을 생략하고 넘어갈 수밖에 없지만 정상적인 강의에서는 바로 이 부분에서 여러 수강자에게 꼭 물어보는 시간을 갖는다. 그 질문의 요지는 이렇다.

"위에 표시된 인물들을 포함하여 조선 500년사에 나오는 어떠한 인물도 상관없습니다. 만일 그중 딱 1명의 대표적인 청백리를 뽑으라 한다면 어떤 분을 선정하시겠습니까? 물론 이는 자신만의 주관적인 경우를 묻는 것이니 절대 정답도 없고 또 왜 그분을 뽑았냐는 반문도 있을 수 없습니다."

이렇게 무작위로 선정된 몇 수강자에게 물어본다. 지금 이 책을 보시는 분도 역시 해당된다. 한번 먼저 생각해 보시면 좋겠다.

이러한 질문을 하는 이유는 일방적으로 강사가 하는 얘기를 듣지만 말고 교육에 보다 적극적인 참여의식을 키워주기 위함이 첫 번째 목적이다. 아울러 내가 역사 부분 인문학을 강의하는 인문학 강사로서 과연 우리 공직자들은 우리 역사에 대해 어떠한 의식을 지니고 있는지 알고 싶은 마음 역시 적지 않기 때문이다.

자, 그러면 우리나라 공직자들이 조선의 대표 청백리라 생각하고 있는 분은 과연 어떤 분일까? 압도적으로 황희 정승이 그 자리를 차지했다. 여기에서 나는 그 이유가 참 궁금했다. 왜 황희 정승이 1위를 차지했을까? 그렇게 생각한 이유가 무엇인지도 거꾸로 물어보았다. 그런데 황희 정승의 일대기를 어느 정도 알고 그분을 대답했다기보다는 대부분 그분의 명성을 비교적 많이 들어왔던 이유가 훨씬 컸던 것을 알 수 있었다. 이유는 간단하다. 황희 정승은 무려 90세까지 살아계셨다. 지금도 90세라면 장수하셨다는 얘기를 할 수 있는데 저 오래전에 90세라면 지금의 120세 정도라 할 수 있을 것도 무리는 아닐 듯싶다. 참고로 조선시대 27명 임금의 평균수명은 37세이며, 고려시대 34명의 임금 평균수명은 42세로 알려져 있다. 그렇다 보니 당연히 일인지하 만인지상(一人之下 萬人之上)이라는 영의정 자리에 무려 18년간이나 있었고, 이에 뒤따른 야사의 내용이 적지 않은 것도 사실이다.

우리에게 비교적 잘 알려진 황희 정승의 야사 2가지를 소개하고자 한다. 아마도 이 글을 읽고 '아, 그게 황희 정승 이야기였어?' 하며 고개를 끄덕이는 분들도 꽤 있을 것 같다.

먼저 황 정승이 한번은 논두렁길을 걷다가 소 두 마리와 함께 일을 하고 있는 한 농부를 보고 이렇게 묻는다. "여보시오. 지금 저 두 소 중 어느 소가 일을 더 잘하오?" 농부가 왜 물어보냐고 되물으니 그냥 궁금해 묻는다고 하자, 이 농부는 논에서 나와 황 정승을 소들로부터 멀찌감치 떨어진 곳으로 데리고 가더니 그것도 귓속말로 저기 저 누렁이가 검은 소보다 일을 더 잘한다는 대답을 한다.

이에 황 정승은 어이없어하며 아니, 뭐 이런 얘기를 그냥 저 자리에서 하면 되지 그것도 이렇게 한참 나와 게다가 귓속말로 할 게 뭐 있냐며 의아스러운 표정을 짓는다. 그러자 농부의 대답이 황 정승을 깜짝 놀라게 한다. "대감께선 정녕 모르십니까? 저 두 녀석 모두 나름 열심히 일을 한다고 생각할 터인데, 만일 쟤들이 듣는 곳에서 얘기하게 되면 듣는 검은 소가 얼마나 기분 나쁘겠습니까." 농부의 이러한 대답에 황 정승은 크게 뉘우치며 하물며 동물에게도 함부로 얘기하면 안 된다는 깊은 교훈을 얻었다는 내용이다.

이런 야사와 함께 우리에게 더욱 알려진 두 번째 이야기는 황희 정승을 3가(三可) 정승이라고도 부르게 된 계기의 내용이다. 즉 각기 틀릴 수 있는 세 가지의 경우를 모두 옳다는 결론을 내린 황 정승의 면면을 파악할 수 있는 그런 이야기다.

황 정승이 어느 날 대궐에서 퇴궐하여 집에 막 도착하였는데 때마침 젊은 하녀 둘이 서로 말다툼하고 있었다. 해서 이 둘을 불러 왜 싸우고 있냐며 묻자 두 하녀는 이러니저러니 서로 상반된 얘기를 하며 자신의 정당성을 주장하였다.

이 상반된 주장을 다 듣고 난 황 정승의 얘기가 걸작이다. "네 얘기도 옳고 또 다른 네 얘기도 맞는구나!"라고 했다. 이에 황 정승의 부인, 즉 정경부인이 이런 모습을 보고 한마디 거들게 된다. "아니, 대감께선 아이들이 서로 싸우고 있으면 누가 옳고 그른지 판단하여, 잘못한 아이에게 혼도 좀 내야지, 뭐 얘도 맞고 쟤도 맞다는 말씀을 하십니까?"라고 하자 껄껄껄 웃으며 "그런 말씀을 하시는 부인의 말씀도 맞습니다"라며 대답했다는 내용이다.

위 두 야사를 통해 황희 정승은 영의정이라는 최고의 관직에 있으면서도 천한 위치에 있는 사람에게까지 결코 듣기 싫은 얘기는 하지 않는 인품이었음을 알 수가 있다. 이는 90세까지의 장수 원인도 있겠지만 무려 18년간 영의정이라는 최고의 자리에 있을 수 있었던 최강 비결이 아닐까 싶다.

별문제가 되지 않는 상황이라면 결코 상대방을 기분 나쁘게 할 필요가 없다는 이 가르침은 현재를 살아가고 있는 우리 모두에게도 커다란 교훈을 던져주고 있다. 특히나 요즈음 각종 악플로 인해 이를 견디지 못한 심약한 사람들이 비극적인 결과를 보이는 일이 비일비재한 세태 속에서 우리 모두 좀 더 이 교훈을 진지하게 받아들일 필요가 있다.

모든 공직자는 소위 악플이라는 악습을 멀리하고 선플이라는 가치를 함양하여 제악막작 중선봉행의 정신을 다시 한번 되새기는 계기가 되길 기대해 본다.

여기에서 나는 초등학교와 중학생, 물론 그 이상 학생도 가능하겠지만 이런 자녀들이 있는 학부모에게 적극적으로 권장하고 싶은 것이 하나 있다.

예전과는 달리 요즈음에는 부모들이 자녀들과 함께하는 시간이 대단히 많다. 특히 보다 어린 자녀일수록 더욱 많은 시간을 함께 보내고 있다. 무척이나 바람직한 일이다. 해서 놀이공원 등 많은 곳을 찾아다니며 좋은 추억을 쌓아가고 있는데, 가끔은 주변의 역사 유적지 탐방도 하기를 권장한다. 굳이 멀리

갈 필요도 없다. 어느 지역이나 역사 현장은 도처에 많다. 예를 들어 수도권의 경우 강화도나 포천, 파주, 의정부, 남양주, 연천, 수원 등 반나절이면 둘러볼 수 있는 역사 현장이 부지기수다.

위에서 예를 든 황희 정승의 묘는 파주에 있다. 황 정승의 호는 방촌인데 이곳에 가면 방촌기념관이 있어 이분의 일대기를 한눈에 볼 수 있고, 반구정이라는 수려한 절경 속의 황 정승이 말년을 보낸 정자도 있다. 아울러 가까운 인근에 이이 선생과 신사임당 묘도 잘 가꾸어져 있어 연계해 관람할 수 있다.

이렇게 역사 유적지를 권장하는 이유는 우리 어린 자녀들이 역사의 현장을 직접 보면서 역사의식을 크게 고취할 수 있기 때문이다. 꼭 실천해 보시길 강력히 권장한다.

그리고 대표 청백리의 대답으로 또 다른 적지 않은 인물의 등장이 바로 이순신 장군이다. 맨 처음 충무공을 대표 청백리로 추천을 받았을 때 속으로 적지 않게 당황했다. 조선 500년 사의 어떤 분도 괜찮다는 전제를 하였기에 충분히 추천할 수는 있다. 그러나 청백리를 논하고 있는 시점에서 충무공의 거론은 내가 생각하고 있던 범주 안에는 없었기 때문이다.

충무공 하면 청백리의 개념이 아닌 장수로서 불세출의 구국

영웅 이미지가 훨씬 강했기에 그랬던 것 같다. 하지만 여기에서 충무공을 대표 청백리로 선정한다고 하여 그 근거가 미약하다고만 할 수도 없다.

그 이유는 충무공은 호남 지역에 위치하며 전쟁을 하면서도 이른바 둔전(屯田)을 일으켜 식량을 자급자족하였기 때문이다. 당시 무능했던 조정에서는 군사들이 마음 놓고 전쟁에만 집중토록 여러모로 도와주질 못했다. 그중 제일 컸던 부분이 바로 식량문제였다. 군사들이 배불리 먹어야만 싸움도 할 수 있는 법인데 늘 군량미의 부족으로 어려움을 겪다 보니 충무공의 고충 또한 컸음은 불문가지이다.

이에 자신을 따라온 피난민들과 휘하 군사들을 최대한 활용하여 직접 주둔지 내에서 농사를 지어 군량미를 조달케 했다. 그렇게 해서 영내 군사와 피난민들의 식량난을 해결하고 오히려 피난 중이던 조정에 거꾸로 식량 지원을 하였다고 하니, 군사적 입장에서 볼 때 실로 기막힌 일이라 아니 할 수 없다.

이 한 가지만 놓고 보더라도 충무공을 청백리 반열에 올리는 우리 공직자들의 시선이 참으로 경이롭기만 하다. 아울러 충무공을 선정한 수강자들이 이 둔전 내용까지는 잘 모를 수 있어 빠듯한 시간 속이긴 하지만, 이같이 설명을 해주면 대단히 만족한 모습을 보여 나 역시 흐뭇함을 느낄 때가 적지 않다.

그리고 또 이 부분에서 재미있던 현장 속 다른 경험이 있다. 한 번은 어느 수강자가 대표 청백리로 맹사성 대감을 거론했다. 그랬더니 그 수강자 주변에 있던 다른 동료들이 일제히 웃음을 크게 터뜨렸다. 나로서는 그 이유를 모르니 어리둥절하면서도 곧바로 설명을 이어 나갔다.

호가 고불(古佛)인 맹사성 대감인지라 고뿔이라고도 불린 맹 대감은 조선시대 최고의 성군인 세종대왕이 있기까지 황희 정승과 더불어 쌍벽을 이루어 보필했던 분이다. 오늘날 청백리의 개념에 가장 가까운 분이라 추가 설명을 해주고, 그런데 왜 웃었는지 물어보았다.

그 대답이 참으로 오묘했다. 그렇게 거론했던 분의 성씨가 같은 맹 씨라는 이유였다. 아름답다. 이왕이면 자기 직계 조상을 대표 청백리로 선정한 그 후손에게 맹 정승 또한 매우 흐뭇하셨을 것 같다.

자, 그러면 나만 수강자에게 일방적인 질문만 하는 것이 아니고 거꾸로 수강자들이 나에게 물어보기도 한다. 그럼, 강사께선 누구를 선정하시겠냐고? 이 경우 나는 스스럼없이 이원익 대감을 뽑고 싶다고 대답한다. 그리고 그 이유도 곧바로 뒤따름은 물론이다.

이원익 선생의 호는 오리이다. 꿱꿱하는 동물 오리가 아니고 오리(梧里)이다. 오동나무 오(梧) 자에 마을 리(里) 자를 쓰고 있다. 요즈음이야 많은 사람들이 이름 외에 호를 별도로 쓰고 있지 않지만, 예전에는 웬만하면 모두 호가 있었다.

그런데 이 호를 보면 그분이 살던 지역적 배경을 쉽게 떠올릴 수 있다. 다양하게 호를 짓지만 살고 있는 주변 환경을 많이 활용했던 것 같다. 즉 이원익 선생은 살던 마을에 오동나무가 많았기에 오리(梧里)라 했고, 이황 선생은 호가 퇴계(退溪)로 물러날 퇴(退) 자와 시내 계(溪) 자를 쓴 것으로 보아 아마도 은퇴 이후 머무신 곳에 작은 계곡이 있지 않았을까 싶다. 또한 이이 선생은 율곡(栗谷)으로 밤나무 율(栗) 자에 골 곡(谷) 자를 사용한 것으로 보아 주변에 밤나무가 많았던 계곡이 있었던 것 같다. 실제로 이이 선생의 묘가 어머니 신사임당 묘와 함께 파주에 있는데 이곳의 행정지역명도 파주시 율곡리로 되어 있는 것을 보면 이 같은 내 추측이 크게 벗어나지는 않을 것 같다.

조금 이야기가 벗어나긴 하지만 이이 선생의 묘를 직접 찾아가 참배하면서 전에는 전혀 몰랐던 엄청난 현황을 보고 무지한 나 자신에 많은 부끄러움을 느꼈던 경험이 있다. 그래도 명색이 인문학을 강의하고 있는 인문학 강사이기도 한데 정말 전혀 생소했던 부분이 있었다. 통상 우리가 선산이 있어 묘를 쓰게 되면 당연히 윗대부터 제일 높은 곳으로 정하고 그 밑으로는 순서대로 정하여 쓴다. 단순히 생각해 보아도 당연히 타당하다고 받아들였고, 거꾸로 아들 묘를 위에 쓰고 부모 묘를 그 밑에 쓴다는 것은 있을 수 없다고 생각했었다.

그런데 이이 선생의 묘를 참배하면서 그야말로 악 소리가 절로 나왔다. 야트막한 동산에 이이 선생 일가 묘가 위로부터 모셔져 있는데, 제일 위에 이이 선생 부부 합장묘가 있었고 그 바로 밑에 아버지이신 이원수 선생과 어머니인 사임당 신 씨의 합장묘가 모셔져 있는 것이 아닌가! 율곡 선생 하면 퇴계 선생과 더불어 조선조 최고의 성리학자로 모든 예의범절에 절대적 모범을 보이시는 분인데 이게 도대체 무슨 일인가 싶었다.

해서 부랴부랴 현장의 해설사분께 문의하니 소위 역장(逆葬)이라 하여 아들의 명성과 공훈이 그 부친보다 훨씬 뛰어난 경우 예로부터 역장을 할 수 있었다는 설명을 들었다. 솔직히 역장이라는 말도 이때 처음 들어본 말이었다. 이렇게 선현들의 유적지를 직접 탐방하게 되면 미처 몰랐던 많은 역사적 지식을 쌓을 수 있으니, 자녀들과 힘께 이런 역사 현장을 꼭 가보길 다시 한번 말씀드린다.

어쨌든 내가 오리 이원익 선생을 대표 청백리로 선정한 이유는 이렇다. 위 그림에 나와 있는 청백리분들 모두 왜라는 물음이 필요 없을 만큼 모두 훌륭하신 분들이다. 여기에서 다른 분들은 거의 평상시의 청백리였다.

그러나 오리 대감은 하늘이 이분의 역량을 얼마나 크게 생각하셨는지 평시 아닌 전시에 청백리를 지내게 하셨다. 평시에도 어려웠을 청백리를 전시에 하셨으니 그 고초가 얼마나 컸을까, 상상조차 하기 힘들다. 이 전시, 즉 전쟁을 한 번도 아닌 무려 네 번이나 겪게 되니 아예 기함이 막혀 말조차 나오지 않는다. 아마 많은 분이 조선조에 무슨 전쟁이 그리 많았기에 한 사람이 한 번도 아니고 네 번씩이나 전쟁을 치렀을까, 의아해할 수도 있을 것 같다. 이에 좀 더 상세한 설명이 필요해 보인다.

오리 이원익 대감은 1547년 12월 5일에 태어나 1634년 2월 26일에 돌아가시면서 거의 황희 정승만큼 장수했다. 이분의 정승 기록을 보면 대단한 특색을 갖추고 있다. 선조와 광해군, 그리고 인조에 이르기까지 연속된 세 임금 밑에서 각각 2번씩 모두 6번의 영의정을 맡았다. 여기에서 대단히 놀랄 만한 포인트가 있다.

선조와 광해군은 부자지간으로 아버지 임금 때도 영의정 역할을 잘했으니 그 아들 임금도 중용했다는 것까지는 충분히 이

해할 수 있다. 그러나 그다음 인조가 과연 누구인가. 우리 모두 잘 알고 있듯이 인조는 반정 즉 쿠데타를 일으켜 광해군을 몰아낸 도저히 한세상을 함께할 수 없는 관계가 된다. 그러니 인조반정 전인 광해군 때에 있었던 모든 고위 관리는 죽지 않으면 다행이라는 입장에 처할 수밖에 없다.

그런데 그것도 영의정이라는 최고의 자리에 있던 이원익 대감을 퇴출시키지 않고 오히려 다시 영의정을 두 차례나 맡겼다는 점은 엄청난 역사의 아이러니가 아닐 수 없다. 지금도 국내는 물론 미국 등 해외에서도 정권이 바뀌게 되면 전 정부 고위직 관리들을 완전히 바꾸는데 반정 전의 최고위직을 다시 그대로 임명했다는 것은 상식을 초월해도 극도로 초월한 결과가 된다.

이 한 가지만으로도 오리 대감이 과연 어떠했던 사람인지를 너무도 극명하게 인지할 수 있다. 조선시대의 직제를 보면 지금의 국무총리 격인 위치에 영의정이 있었음은 보편적으로 잘 알려진 상식이다. 그런데 이 영의정이 전쟁이 벌어지면 한 가지 직책을 더해 겸임을 하게 되는데 그 직책명이 도체찰사이다. 즉 이 도체찰사는 지금으로 보면 합참의장 격이라고 볼 수 있고 모든 군령권을 갖고 있는 위치이다. 따라서 평시에는 존재하지 않고 전시에만 주어진 직책이어서 전쟁이 발발하면 영의정 겸 도체찰사가 된다.

예전에는 문관이면서도 최고의 장군직을 수행한 경우가 많은데 우리가 잘 알고 있는 을지문덕 장군, 강감찬 장군, 김종서 장군 및 권율 장군 등이 모두 문관 출신이면서도 역사에 길이 빛나는 뛰어난 무공을 세운 분들이다. 바로 오리 대감이 이 도체찰사를 네 번에 걸쳐 수행하였으니 결국 전쟁을 네 번이나 겪었다는 것이 된다.

자, 그러면 동일한 한 사람이 겪어야만 했던 네 번의 전쟁은 과연 어떤 것일까? 그 첫 번째가 1592년에 일어난 임진왜란이며 이어 곧바로 연결된 전쟁은 1597년의 정유재란이다. 이 두 전쟁은 일반인에게도 너무나 잘 알려진 것이어서 더 이상의 설명은 불필요해 보인다.

다음 세 번째 전쟁이 1624년에 일어난 이괄의 난이다. 역사에서는 이 사건을 단순히 난(亂)이라고 표기하고 있지만 국내에서 일어난 참화로 왕이 도성을 버리고 몽진, 즉 피난까지 떠나는 최초의 사건일 만큼 엄청난 전쟁이었다. 이괄의 난이 일어난 동기는 1년 전인 1623년으로 올라간다. 1623년은 바로 인조가 광해군을 몰아낸 인조반정이 있던 해이다.

반정에서 제일 공이 큰 사람은 누구보다도 실제로 군사력을 동원하여 기존 왕의 군사를 제압한 장수가 되어야 함은 마땅하다. 바로 그 사람이 이괄이었다. 그러나 반정 후 논공행상에서 당연히 1등 공신으로 책봉되리라는 기대와 달리 2등 공신에 이름이 오르게 된다. 게다가 한양에 있지 못하고 평안도 병마절도사로 거의 밀려나듯 북방으로 떠나게 되니 그 불만이 대단하였다.

여기에 기름을 부은 사건이 하나 발생하였다. 그의 아들 이전이 역모에 가담한 사건이 일어나면서, 가만히 앉아 죽을 수만은 없다며 이판사판으로 터뜨린 것이 바로 이괄의 난이다. 이 난이 얼마나 거세었는지 초기에는 관군이 계속 밀리면서 인조가 공주까지 몽진을 떠나게 되는 대규모 전쟁이었다.

끝으로 네 번째 전쟁은 1627년에 일어난 정묘호란이다. 일반적으로 보면 1636년에 있었던 병자호란은 비교적 많이 알려져 있으나 이보다 9년 전에 있었던 정묘호란에 대해서는 상대적으로 덜 알려져 있다. 1616년에 발흥한 후금은 세력을 점차 키워나가며 급기야 명나라와도 전면전에 돌입할 정도로 힘을 키우게 된다. 그러나 배후에 명나라와는 군신 관계에 있는 조선을 두고 아무래도 위협을 느낄 수밖에 없던 후금은 인조반정으로 광해군을 퇴출시킨 것에 대한 응징이리는 명분으로, 장수 아민을 중심으로 3만여 명의 군사를 이끌고 침공하게 되는데 이것이 정묘호란이다. 이에 조정은 강화도로 피신하며 대응하다 결국 군신 관계를 요구하는 후금의 종전 요구를 형제 관계로 낮춰 조약을 맺으면서 전쟁은 끝나게 된다.

　이런 네 번의 전쟁을 겪은 오리 대감의 고난은 말로는 형언할 수 없을 만큼 엄청난 것으로 평상시의 청백리와는 비교 자체가 불가능해 보인다. 이렇게 네 번의 전란을 수습한 공로도 지대하지만, 이분의 더욱 큰 공적은 바로 이순신 장군과의 장엄한 인연에 있지 않을까 싶다. 정유재란 때 일본 간첩 요시라의 간계에 떨어져 충무공이 한양으로 압송되어 올라온 것까지는 일반적으로 잘 알려진 사실이다. 여기에서 과연 선조는 충무공이 말 그대로 죄를 지어 압송된 것이라 생각하고 있었을까?

　여러 가지 정황으로 볼 때 선조 역시 무고임을 모르지는 않았다. 그러면 왜 굳이 명장을 죽이려 했던 것일까? 선조의 앞 행적에서 보면 그 답을 알 수 있을 것 같다. 임진왜란 초기 왜군이 당대 최고 명장이었던 신립 장군의 탄금대 전투까지 쉽게 물리치며 한양으로 밀고 올라오자, 선조는 의주까지 피난을 떠나 여차하면 중국으로 피신할 방도를 찾게 된다. 그리고 광해군을 중심으로 분조를 일으켜 왜군과 맞싸우게 하는데 여기에서 광해군이 뛰어난 공적을 쌓으며 많은 백성의 신망을 얻게 되자 이런 광해군을 시기하게 된다. 본인이 임금인 만큼 아무리 자신의 아들로 왕세자이기도 한 광해군이지만 백성들의 신망이 더 높다는 사실에 대해 크게 불안했던 의심 많은 군주였다.

바로 이 대목이다. 임금인 자신보다 더 높은 백성의 신망을 얻고 있는 사람은 설사 그가 자신의 아들이라도 좌시하지 않았던 것이다. 그러니 선조 입장에서는 일개 수군 장수인 충무공이 백성들의 엄청난 신망을 받고 있다는 사실만으로도 결코 가만히 놔둘 일이 아니었다. 해서 차제에 충무공의 싹을 자르려 벼르고 있었다. 이미 한양으로 압송되어 올 때 충무공이 살아서는 결코 한양 땅을 벗어날 수 없음은 기정사실이었다.

처음에는 서애 유성룡이나 우의정 정탁 같은 사람들이 상소하여 방면코자 누누이 애썼으나 선조의 뜻이 워낙 완강하여 더 이상 방법이 없어 체념에 들어섰을 때 최후로 나선 이가 바로 오리 대감이다.

기록에 보면, "이 전시에 전하께서 신 도체찰사를 내치지 못하시는 것처럼 신 또한 제 휘하의 이순신을 내치지 못함이니 그래도 이순신을 내치시겠다면 신부터 내치시소서"라고 했다. 한 마디로 나부터 죽이라는 얘기다. 이에 겨우 마음 돌린 선조가 그래도 다시 원 직인 삼도수군통제사로 곧바로 복귀시키지는 않고, 이름하여 백의종군을 명하게 된다. 백의종군이라는 것이 무엇인가? 한마디로 계급장을 다 떼어버리고 이등병으로 다시 복귀하란 얘기다. 그것도 수군이 아닌 권율 장군 휘하인 육군으로 말이다.

이 엄청난 와중에 남쪽 바다에서는 큰 해전이 있었는데 바로 1597년 7월 16일에 벌어졌던 칠천량 해전이다. 거의 대다수의 사람이 이 칠천량 해전을 얘기하면 처음 들어보는 말인데 하며 고개를 갸우뚱한다. 우리의 역사교육에 얼마나 큰 문제가 있는가를 단편적으로 보여주는 일례이다.

칠천량 해전은 바로 이순신의 뒤를 이은 원균이 일본 수군과 거제 앞바다에서 대회전을 벌였으나 그동안 가꿔온 조선의 모든 함대가 다 무너지고 원균 자신조차 뭍으로 도망가다 전사하는, 한마디로 조선 수군의 궤멸을 갖고 온 전투를 말한다. 그러니 오죽하면 선조가 이제 배 하나도 없는 수군이 되었으니 권율 휘하에서 육군으로 싸우라 했겠는가.

그러나 조선의 명이 다하지 않아 이순신은 경상우수사 배설이 원균의 명을 어기며 몰래 감추어 놓은 12척의 배를 인수하여 칠천량 해전 이후 정확히 2달 후인 1597년 9월 16일 저 유명한 명량해전에서 또 하나의 승리를 거둔다. 이로써 왜는 더 이상의 해전은 불가하다는 결론을 내리며 조선 정벌의 꿈을 접고 이듬해 종전을 맺게 된다. 여기에서 충무공이 명량해전을 앞두고 조정에 올린 장계의 유명한 말을 다시 한번 살펴보자.

"신에게는 아직 12척의 배가 있나이다. 죽기로 싸움에 나서면 거기에 이길 방도가 있을 것입니다(今臣戰船 尙有十二 出 死力拒戰 則猶可爲也)."왜 불멸의 이순신인가를 여실히 보여주는 실로 비장 어린 출전 다짐이다. 여기에서 명량해전의 중요성을 되돌아볼 필요가 있다.

흔히 충무공의 해전을 놓고 23전 23승이라는 표현을 쓴다. 하나하나의 전투가 다 중요한 것이겠지만 만일 이 명량해전에서 패했다면 아마도 1910년 이루어진 일제의 식민사는 이 시점으로 앞당겨지는 절체절명의 계기가 될 수밖에 없었다. 그 이유는 더 이상 조선 수군의 존재가 없는 관계로 왜군의 군수물자가 그대로 인천 앞바다까지 보급되면서 6·25 때 같은 인천상륙작전이 거꾸로 왜군에게 가능했기 때문이다.

바로 이 대목 중 강의 현장에서 있었던 한 가지 해프닝을 소개하려 한다. 어느 군사 학교에서 있던 강의 시간이었다. 그때 교육 담당은 현역 해군 여군 소령으로 사복 차림을 한 채 강의 교실로 나를 안내했다.

그곳에는 군 현역과 군무원들로 된 수강자들이 있었는데 딱

1명만 군복을 입고 있었고 나머지는 모두 사복 차림이었다. 내부 규정상 교육 때는 사복을 입어도 괜찮다고 했다. 어쨌든 칠천량 해전을 얘기할 때 육군 중령의 군복을 입은 그 1명의 수강자에게 혹시 칠천량 해전에 대해 들어본 적이 있느냐는 질문을 했다. 모른다고 하여 위 내용을 설명해 주고 강의가 끝난 뒤 담당인 해군 여군 소령과 커피 한 잔 마시는 시간을 가졌다.

이 자리에서 해군 소령은 아까 있었던 강의 얘기를 꺼내며 아무리 육군이지만 어떻게 영관장교가 칠천량 해전을 모를 수가 있느냐며 안타까워하는 모습을 보였다. 이에 내가 곧바로 되물었다. 그럼 교육 담당께서는 현리 전투에 대해 들어본 적이 있느냐 물었다. 대답은 한 번도 들어본 적이 없다고 했다. 피장파장이었다. 인터넷상에서 보면 우리나라 총 역사에서 소위 3대 패전 전투라는 것이 올라와 있는데 그중의 2개가 바로 이 칠천량 해전과 현리 전투이다. 물론 어느 누가 승리도 아닌 최대의 패전 전투 중 3개를 선정하여 자랑이라고 올려놓았겠는가. 그만큼 엄청난 희생과 전략적 가치의 상실이라는 측면에서 올려놓았을 것이다.

현리 전투는 한국전쟁 중 1951년 5월 16일부터 22일까지 1주일간 강원도 인제군 현리에서 있었던 전투로, 중공군 1개 대대의 매복 작전에 걸려 국군 3군단이 패퇴하며 결국 3군단의

해체와 함께 당시 미 8군 밴 플리트 사령관이 육군본부의 작전권까지 박탈하여 UN군으로 이전시키게 되는 결과를 빚게 되었다. 그리고 바로 그 전시 작전권을 지금까지도 우리 군이 인수하지 못하고 미군이 갖고 있으면서 다시 되돌려받기 위한 전작권 환수라는 용어까지 지금껏 사용하게 되는 근원이 되었던 전투이다.

그러니 육지와 바다에서 나라가 망가질 정도의 큰 패전 전투에 대해 아무리 다른 편제의 군이라 하지만 육군 장교는 해상 전투를, 또 해군 장교는 육지 전투를 모르고 있다는 점에서 이 자리를 빌려 군 교육훈련 관계자들에게 어떤 새로운 전사 교육에의 방향성을 요구하고 싶다. 나 역시 초급이긴 하지만 육군 장교 출신의 한 사람으로서 진지하게 건의드린다.

참고로, 3대 패전 전투 중의 다른 하나는 1637년 남한산성에 갇힌 인조를 구출키 위해 동원된 경상도 지역 근왕병들이 청나라 군에 의해 패전하며 결정적으로 병자호란의 패전을 불러일으켰던 현 경기도 광주군 곤지암 부근에서 있었던 쌍령전투이다.

최근의 경영학 트렌드를 보면 성공한 결과의 과정도 중시하지만, 실패한 사례 또한 대단히 중시한다. 어찌 보면 그 무게의 추가 후자인 경우가 더 큰 것도 적지 않다. 이것은 어떤 성공을 거두기 위해서는 그만큼 실패를 많이 할 수밖에 없어 아예 실패학이라는 이름으로 커리큘럼까지 형성되어 집중 연구를 받고 있는 분야이다. 따라서 실패한 전쟁이라 애써 감추려고만 하지 말고 군 관계자나 전사 전문가에게 충분히 연구시켜, 유사한 상황에서 반복된 실수를 하지 않도록 성공했던 전투보다 더욱 유용하게 활용을 위한 보다 적극적인 인식의 전환이 필요해 보인다.

어떻게 하다 보니 전쟁과 전투 이야기가 많이 나왔다. 이렇게 오리 정승이 이순신을 절체절명의 위기에서 빼내어 명량해전의 승리를 갖고 와 조선을 일본 도요토미 히데요시의 손아귀에서 벗어나게 했으니, 청백리도 이런 구국의 청백리는 없을 것 같다.

여기에서 모든 공직자가 온몸으로 새겨들어야 할 중요한 교훈이 하나 있다.

오리 정승이 충무공을 자기의 목숨까지 내던지며 끝까지 변호한 배경이 바로 그것이다. 여러 가지 자료를 보면 오리 정승은 이른바 현장 시찰을 누구보다도 많이 다녔다. 따라서 도체찰사의 신분으로 휘하 장수들의 군영을 수도 없이 직접 찾아가 장수들을 격려하고 병사들의 어려움을 도와주었다고 한다. 특히 이순신의 군영에도 몇 번씩 찾아가 그의 모든 것을 직접 본인 눈으로 확인하였기에 억울한 무고였음을 확신하고 선조의 강경한 뜻을 되돌리게 한 배경이 되었다. 책상 위에 앉아 탁상공론에 그치지 않고 현장에 답이 있다며 발로 뛰는 공직자, 현재를 살고 있는 우리 공직자들도 꼭 배워야 할 부분이 아닐 수 없다.

이 외에도 어지러운 세금제도의 폐해를 막기 위해 모든 공물을 쌀로 통일하여 거두어들이는, 이른바 대동법을 광해군 즉위 연도인 1608년 처음 실시해 백성들을 피폐한 곤궁에서 벗어나게 한 경제정책을 이룬 것과, 인조반정 후 광해군을 사사해야 한다는 조정의 중론을 끝까지 막아 유배로 돌려세운 인권적 측면에서도 대단히 뛰어난 결과를 보였다.

아울러 공직자로서 이러한 정치, 경제, 국방 등에서의 활동과 함께 개인적인 입장에서도 뛰어난 모범이 되는 가치관을 남겼다. 오리 대감은 그의 임종이 가까워지자, 슬하의 네 아들을 불러 모은 뒤 종이에 쓴 글 하나를 주며 이 같은 삶을 살라는 뜻을 전한다. 거기에 있는 내용은 이러했다.

'시행상방 분복하비(志行上方 分福下比)'리는 여덟 글자이다. 이 의미는 뜻과 행실은 나보다 나은 사람과 견주고, 분수와 복은 나보다 못한 사람과 비교하라는 내용이다. 즉 나의 가치관과 삶의 기준은 나보다 뛰어난 사람의 사고와 행동에 맞추고, 나의 현실적 지위와 분수는 나보다 어려운 처지에 있는 사람과 비교하여 산다면 그 자체가 행복이고 지혜로운 삶이 된다는 내용이다. 현시대를 살아가고 있는 모든 공직자는 물론 일반 사람들도 겸허히 받아들여야 할 인생 최고의 좌우명이 아닐까 싶다.

이에 관리로서는 물론 개인적으로도 모든 점에서 슈퍼스타와 같은 진정한 청백리의 면모를 보인 이 오리 정승을 조선을 대표하는 상징적 청백리로 선정하게 되었다.

이런 청백리를 조상으로 둔 후손들에게는 어떤 특전을 부여하였다. 이러니저러니 해도 그 명예 하나만 해도 집안의 큰 자랑이었겠지만 보다 실질적인 것으로 음서제의 혜택을 받았다. 지금도 공직자가 되기 위해서는 시험과 같은 공정한 채용 절차를 거치고 있지만 조선시대도 마찬가지로 과거라는 시험 절차를 거쳐야 했다.

그러나 조상 중에 뛰어난 공적이 있다거나 고위직에 있던 후손에게는 이 음서제(蔭敍制)라는 제도로 과거를 보지 않고도 관직에 나설 수 있는 특혜가 주어졌었다. 한 마디로 훌륭한 조상을 둔 후손들이 그 조상의 음덕을 톡톡히 볼 수 있었던 제도이다.

이러한 청백리의 기본 정신은 사적인 것을 배제하고 공적인 것을 중시하는 멸사봉공(滅私奉公)과 사적인 것보다 공적인 것을 우선시하는 선공후사(先公後私)에 두었으니, 지극히 당연한 것이라 하겠다.

생각해 볼 거리 ➡ 만일 조선조 대표 청백리를 꼽으라면 나는 누구를?

2

사불삼거(四不三拒)
조선 관리의 올곧은 청렴 결기

조선시대 관리의 청빈정신 : 사불삼거(四不三拒)

⊙ 사 불 (四 不)
- 부업을 하지 않고
- 땅을 사지 말아야 하며
- 집을 늘리지 않고
- 재임지의 명산물을 먹지 아니 한다

⊙ 삼 거 (三 拒)
- 윗사람이나 세도가의 부당한 요구
- 청원에 따른 답례
- 경조사의 과한 부조

조선시대에 관리, 즉 공직자가 되면 청빈정신을 함양시켰다. 지금 우리 공직자들에게 부단한 청렴교육을 시키는 것과 그 맥을 같이하는 것이라 하겠다. 이러한 교육내용에 사불삼거라는 대목이 있다. 즉, 위 그림에서도 나와 있듯이 관리가 되면 앞의 네 가지는 하지 말고 다음 세 가지는 거부하라는 내용이다.

현재를 살고 있는 우리 공직자들이 이 시스템을 그대로, 아니 120% 이상 받아들여도 전혀 이상치 않을 정도로 꼭 새겨 담아둘 만한 내용이어서 좀 더 상세히 살펴보고자 한다.

먼저 4불, 네 가지 하지 말아야 할 부분을 보자.

그 첫 번째는 부업을 하지 말라는 내용이다. 나도 이 자료를 구할 때는 그림에 나타난 내용만 있었지 각각의 항목에 어떤 설명이 따로 있는 것은 없었다. 처음 이 구절을 보았을 때 쉽게 이해되지 않았다. two job을 뛰든 three job을 뛰든 내가 좀 더 열심히 일을 하여 우리 식구들을 보다 잘 먹이고 잘살게 하려는 의도인데 왜 하지 말라고 했지? 하는 의문이 들었다. 그러나 잠시 생각해 보니 금방 그 이유를 알 수 있었다.

지금은 워낙 직업의 종류가 많다 보니 몸만 튼튼하다면 아무런 지식이 없다 하더라도 그대로 앉아 굶어 죽을 일은 절대 없다. 어디를 가든 일손이 부족해 아우성이지, 인력이 남아돌아 일을 못 하는 경우는 없다. 하다못해 농작물 밭에 나가 하루해만 일해도 일당 20만 원 정도를 준다고 하니 먹고사는 데는 전혀 지장이 없다.

그러나 조선시대는 어떠했는가? 직업의 종류라는 것이 지극히 한정되어 있었고 모든 기술이 전근대적이어서 당장 먹고

사는 문제가 최우선 과제였다. 잘 먹고 잘산다는 것 자체가 지극한 사치였다. 하루 세 끼 다 챙겨 먹는다는 것만으로도 행복했던 것이 바로 그 시절이었다. 그런데 많든 적든 국가의 녹을 받고 있는 관리가 만일 부업을 하게 된다면, 그럼 일반 백성은 무엇으로 먹고 사느냐는 문제가 발생하는 것이다. 그러니 관리가 되고 나면 뭇 백성들의 생존까지 위협할 수 있는 다른 일은 아예 하지 말라는 내용이다. 한 마디로 애민정신의 극치를 보여주고 있다.

앞선 1부에서 공무원을 영어로 표기하면 Public Servant나 Civil Servant로 되어 있고 이 Servant에는 섬김이라는 개념이 들어있다는 설명은 이미 했다. 바로 이 부분이다. 백성을 섬기는 관리의 입장에서 부업을 한다는 것은 조선시대의 개념으로는 당연히 백성을 제대로 섬기지 못하는 상황으로 인식하여 제일 먼저 강조한 것이다.

이 부문을 조금 더 생각해 보자. 현재 우리의 정치 상황을 놓고 조선시대의 사색당파라는 파벌 개념에 자주 비유하곤 한다. 이 사색당파의 혼란을 살펴보면 지금보다 더하면 더했지 결코 덜하지 않았다. 선조 22년인 1589년에 정여립 반란 사건, 이른바 기축옥사가 일어나자 이때 죽은 선비의 숫자가 무려 천여 명에 달했다고 한다. 이렇게나 많은 식자층이 죽어 나갔으니 불과 3년 뒤 일어난 임진왜란 때 제대로 된 대응을 한다는 것이 정말 어려웠을 것임은 불 보듯 뻔하다.

그럼 도대체 왜 이렇게 반대파들을 가차 없이 죽였을까? 여기에는 많은 원인이 존재하겠지만 나는 그 이유 중의 하나로 전체적인 직업의 수량이 너무도 부족하다는 것에도 있지 않았을까 생각한다. 지금같이 일거리가 많아 먹고사는 데 지장이 없다면 그토록 끔찍한 상황까지는 가지 않았을 것인데, 당시 조정의 현실은 관리를 위한 보직 자리가 워낙 한정되어 있다 보니 우리 파만 먹고살기도 쉽지 않아 어떤 계기만 나오면 상대 파의 숨통을 완전히 끊어냄으로써, 우리만의 안녕을 도모하고자 했던 것이 그 한 원인일 것 같다. 지금이야 아무리 싸운다 해도 반대파를 죽이기까지는 않지 않은가!

4불 중 두 번째와 세 번째에는 땅 사지 말고 집 늘리지 말라는 얘기가 나온다.

지금도 고위 공직자에게는 재산 등록이라는 제도가 있다. 여기에는 모든 것을 투명하게 하여 공직에 있으면서 불법적인 재산 증식을 하지 말라는 뜻이 담겨 있다. 그런데 최근에 이 2개의 하지 말라는 원칙을 벗어난 사건이 하나 있었다. 바로 LH 사태이다.

LH의 일부 공직자가 자신만이 알고 있는 업무상 비밀정보를 활용하여 돈 되는 곳에 땅을 사고 집을 늘렸다. 이의 대책으로 나오게 된 법률이 바로 지난 2022년 5월 19일 제정된 공직자의 이해충돌 방지법이다. 현재까지 나와 있는 반부패 관련 법 중 가장 무거운 징역과 벌금을 부과하는 제재 대상은 공직자가 직무상 알게 된 비밀정보를 이용하여 재산상의 이익을 취득한 경우이다. 7년 이하 징역이나 7천만 원 이하 벌금과 함께 재물 및 재산상의 이익을 몰수 추징하게 되어 있다.

그러나 법 구성상, 이 내용만으로는 조금 부족하여 가족을 직원으로 채용하지 말라든지 또 가족과 수의계약을 체결하지 말라는 등 지극히 상식적인 몇 가지 내용을 더해 이해충돌 방지법이 만들어진 것이다.

현재에도 문제가 된 이 두 경우를 조선시대에 벌써 거론하고 있었으니, 조선시대의 시스템이 얼마나 잘 갖추어졌던 것인지 알 수 있음과 함께, 이렇게 좋은 제도를 제대로 운용하지 못했다는 결과에 너무도 진한 아쉬움이 남는다.

끝으로 네 번째 4불은 재임지의 명산물을 먹지 말라는 내용이다.

바로 이 대목에서 정말 꽉 막혀버렸다. 아니, 도대체 청렴과

재임지의 명산물을 먹는 것 간에 무슨 관련이 있기에 이런 말이 나오게 된 것인지 아무리 생각해 보아도 이해가 되지 않았다. 내가 제대로 이해하지 못하면서 누군가에게 강의를 한다는 것은 있을 수도 없는 것이어서, 정말 오랜 시간을 생각하였다. 그리고 결국은 그 답을 찾아내었다. 어떤 깊은 의미 해석이 요구되는 내용도 아니기 때문에 하나의 가상적인 예를 들어 좀 더 생생히 설명해 보겠다.

과거에 합격하여 일단 관리는 되었는데 아직 보직을 받지 못해 이제나저제나 보직이 주어지길 학수고대하는 사람이 있다고 하자. 지금도 교육청 등에서 교사 합격이 되었음에도 수급 조절 문제 등으로 발령 대기 상태에 있는 예비 교사들이 제법 있는 것으로 알고 있다. 조선시대에도 역시 비슷한 경우가 있었을 것이다.

그런데 이 사람에게 어느 날 인사 발령장이 주어졌다. 얼마나 기뻤을까? 펴보니 울릉도 신임 사또라는 직책이다. 가족, 친지 및 친구들이 모두 모여 축하해 주고, 가문의 영광이라며 함께 기쁘기 그지없었을 것이다. 그런데 아무리 이렇게 가상의 예를 들었다고는 하나 과연 이 울릉도 신임 사또가 마냥 기쁘기만 했을까 하는 생각도 들었다. 기쁨은 잠시였고 오히려 집안 전체가 큰 수심에 싸이지는 않았을까 싶기도 하다.

지금이야 강릉이나 포항 등에서 쾌속선을 타고 몇 시간이면 안전하게 울릉도에 도착하지만, 저 옛날이야 말 그대로 일엽편주 쪽배를 타고 몇 날 며칠을 가야 했을 것이다. 그 와중에 거센 돌풍이라도 만나게 되면 영락없이 용왕님을 뵈어야 하니 꽤나 전전긍긍했을 것이고. 글쎄, 그냥 혼자 생각해 본 것인데 아마 그 당시에 제주도나 울릉도 등 긴 항해가 필요한 지역으로 발령받은 관리들은 자기 집을 떠날 때 혹 유서라도 써놓고 가지는 않았을까 하는 엉뚱한 생각도 해본다.

어쨌든 멀고도 험난한 여정을 거쳐 다행히 무탈하게 울릉도 현지에 도착하여 신임 사또직을 수행하게 되었다. 새로운 사또가 부임했으니 동헌은 활기가 넘치고 식사 또한 진수성찬으로 준비했을 것임은 분명하다. 해서 울릉도에서 나오는 명산물을 총동원하여 맛있는 음식을 마련하였다. 여기에는 뭍에서는 보기 힘든 해산물도 많이 있었고 특히 지금도 울릉도에 가면 지역 특산물이라 하여 명이나물을 많이 먹고 또 사 오기도 하는데 그 명이나물까지 참기름, 들기름에 아주 잘 무쳐 밥상에 올려놓았다. 신임 사또가 이 명이나물을 맛본 순간 탄성이 터져 나왔다. 세상에, 이렇게나 맛있는 음식이 있었다니 하며 그 한 가지만으로도 매끼 식사를 할 정도로 명이나물에 흠뻑 빠져들었다.

울릉도 백성들이 가만히 보아하니 신임 사또가 너무도 명이

나물을 즐기며 잘 먹자, 그때부터 누가 시키지도 않았고 지시한 바도 없는데 자기 일까지 팽개치며 이 나물을 캐러 다니느라 온통 분주하였다. 바로 이 상황이다. 만일 어느 관리가 현지에 부임하여 그 지역의 특산물을 너무 좋아해 끼니마다 찾는다면 엉뚱하게도 그 지역의 백성들이 힘들어지니 아예 먹지 말라고 권장한 것이다.

이 얼마나 절절한 애민정신의 발로인가! 한 마디로 눈물이 다 나올 정도이다. 지금 우리 대한민국의 모든 공직자들이 이와 같은 섬김의 자세로 국민들을 받든다면 우리나라가 과연 어떤 나라로 다시 태어날까? 전 세계가 존경하는 최고의 청렴국가로 홍익인간의 가없는 박애정신을 세계 모든 인류에 알알이 심어줄 수 있지는 않을까! 그러할 대한민국 만만세!!!

이렇게 4불을 거쳐 이번에는 3거, 즉 위 세 개의 경우에는 거절 또는 거부하라는 내용을 살펴보자.

그 첫 번째는 윗사람이나 세도가의 부당한 요구이다. 지금도 사실 이 상황에서는 대단히 어려울 수밖에 없는 것이 현실적이다. 오죽하면 청탁금지법의 핵심 요지가 공직자 등의 공정한 직무수행을 보장한다는 것으로 법이라는 방호복을 공직자에게 입혔겠는가! 이러니 저 옛날 또한 대단히 힘들었겠지만, 그래도 부당한 지시나 요구에는 따르지 말 것을 관리가 지켜야 할 첫 번째 규범으로 제시하였다.

두 번째는 청원에 따른 답례이다. 만일 어떤 관리가 신청된 민원을 해결해 준 뒤 그에 따른 답례품을 받았다면 실제로 모든 정성을 다해 청원을 처리했음에도 그것을 받기 위해 민원을 처리한 것밖에 더 되겠냐는 의미에서 받지 말라고 했다. 물론 지금의 기준으로는 1부에서 이미 설명한 대로 대통령령으로 제한한 작은 마음의 고마움이 담긴 선물까지는 받아도 되는데, 아마 그때도 이런 상식선에서 감사의미의 선물은 어땠는지 모르겠다.

끝으로 세 번째는 경조사의 과한 부조이다. 예나 지금이나 사람 사는 모습은 똑같았던 모양이다. 평상시에는 이런저런 눈치로 함부로 금품 수수를 못 했겠지만, 공직자가 어떤 경조사가 발생 시 이를 이용하여 상식을 넘어서는 과한 부조를 하지 말라고 했으니, 지금의 세태와 어찌 그리도 닮았는지 모르겠다.

이 세 가지 거절의 경우는 1부에서 충분히 설명한 만큼 더 이상의 부연 설명은 불필요해 보인다.

청렴 실천 팁 ➡ 모든 공직자가 4불3거 정신을 실천 속에 생활화

3

다산(茶山)의 출사표
공정과 청렴의 다산 철학

다산(茶山)의 공직활동 출사표

鈍拙難充使(둔졸난충사)
公廉願效誠(공렴원효성)

 다산 정약용 선생을 빼고 청렴에 대해 왈가왈부함은 핵심 없는 메아리를 외치는 것과 크게 다를 바 없다. 지금도 생생히 기억한다. 몇 해 전, 강의를 위해 어느 소방서를 찾았을 때의 일이다. 3층에 위치한 강의실로 올라가면서 2층 벽에서 3층 벽에 이르기까지, 다산의 청렴과 관련된 내용이 빼곡히 담긴 그림과 글로 가득 차 있는 것을 보았다. 그 순간 나는 그 소방서의 청렴의지를 무척 강하게 느낄 수 있었다.

141p의 그림은 다산 선생이 처음 관리의 길을 걷기 위해 조정에 나오면서 내가 관리가 되면 이렇게 하겠노라는 심정을 열 글자로 적은 내용이다. 즉 관직 활동을 출발하는 비장 어린 출사표이다. 출사표 하면 바로 떠올리게 되는 사람은 누구일까? 당연히 저 삼국지에 나오는 제갈공명이다. 그런데 여기에서 나는 강의 때마다 어김없이 느끼는 아쉬움이 하나 있다.

나는 강의 중 수강자들에게 수시로 많은 질문을 한다. 앞에서도 그 이유를 얘기했지만 강의 집중도와 참여도를 높이기 위한 내 나름대로의 방식이다. 그 질문을 이 대목에서도 간간이 던져본다. 즉 "출사표 하면 누가 제일 먼저 생각이 나냐?"라고 질문하면 곧바로 "삼국지의 제갈공명입니다"라는 호응을 얻기 위해서다.

그런데 안타깝게도 이 한마디의 대답이 참으로 듣기 어렵다. 특히 젊은 MZ 세대에 물어보면 잘해야 30% 정도만이 기대한 답변을 내놓는다. 오히려 중장년층에서는 거의 대부분이 알고 있어 이와는 좋은 대조를 이루고 있다. 해서 삼국지도 안 읽어

보았느냐 물어보면 놀랍게도 MZ 세대에서는 읽은 비율이 읽지 않은 비율보다 현저히 떨어지고 있다. 요즈음 책을 너무도 읽지 않는다는 얘기를 많이 들어왔지만, 현실이 이 정도일지는 몰랐다. 해서 청렴강의를 가서 엉뚱하게 수강자들에게 숙제를 내주곤 한다.

"삼국지를 한 번도 안 읽은 분들에게 숙제를 드립니다. 앞으로 가장 빠른 시간 내 꼭 읽어보는데, 물론 검사는 하지 못합니다. 자율적으로 읽는데, 기존에 몇 번을 읽었던 분도 한 번 더 읽어보기 바랍니다. 여기에는 남녀노소가 모두 해당합니다."

삼국지는 단순한 전쟁 소설이 아니다. 천 년 넘게 이어져 내려온 고전이다. 고전 속에는 인생을 어떻게 살아가야 하는가에 대한 답이 나오는데 그것이 특히 이 삼국지에 크게 나타나 있다. 아울러 일반적으로 고전이라고 하면 그 내용이 대단히 어렵고 딱딱하지만 삼국지는 전쟁 소설이기에 흥미도 또한 대단히 크다. 어쨌든 출사표라 함은 어떤 원대한 일을 앞두고 자신의 확고한 출전의지를 밝히는 표시라 보면 되겠다.

자, 그러면 다시 본론으로 돌아와 다산의 공직 활동에 나서는 출사표를 감상해 보자.

먼저 이 글을 읽는 독자나 또 강의를 듣는 수강자 여러분께

드릴 말씀이 있다. 제2부인 이 인문학적 소양 파트에서는 한시 등을 비롯해 한자로 된 내용이 자주 표기되고 있다. 굳이 어려운 한자를 표기하고 있는 분명한 이유는 본 내용의 원전을 밝히기 위함이다. 그 해석은 그때마다 곧바로 설명하고 있으니, 한자에의 부담은 전혀 갖지 말고 감상에만 몰입해 주시길 바란다.

다산의 출사표 앞 다섯 글자 '둔졸난충사(鈍拙難充使)'의 뜻은 '내가 비록 둔하고 서툴러 임금이 시키는 일을 제대로 수행하지 못한다 하더라도'이다. 여기에서는 별다른 의미는 없다. 단순한 자기 겸양이다. 즉 겸손(humility)이다.

나는 이미 33년간의 공직 생활을 마치고 지난 2017년 은퇴를 했다. 따라서 현직에서 강의를 듣는 모든 공직자에게는 공직 선배의 입장이 된다. 그런 선배의 입장에서 현 공직에 있는 후배들이 만약 내게 공직자 선배로서 우리 후배들이 좀 더 의미 있는 공직 생활을 하게끔 어떤 팁을 줄 수 있느냐는 요청을 한다면, 주저 없이 꼭 권장하고 싶은 팁이 있다고 대답하고 싶다. 그것은 다름 아닌 바로 '겸손'이다.

겸손은 아무리 날카로운 창이나 칼로 나를 찌른다 해도 그 모든 것을 완벽하게 막아주는 최고의 방패이다. 그러니 여러분이 겸손이라는 방패 하나만 갖고 있으면 남은 공직 생활은 물론 남은 인생 자체에서 대인관계에서의 어떠한 어려움도 없이 만사형통을 이룰 것이다.

　지금 나의 이 말은 어떤 책 등에서 본 이론적 이야기도 아니고 다른 사람에게서 들은 간접 경험담도 아니다. 오로지 내가 지난 세월을 직접 온몸으로 겪으면서 정말 힘들게 체득한 직접 경험이다. 그 이유가 있다. 나는 겸손치 못했기 때문이다. 따라서 굳이 힘든 길을 걷지 않아도 될 것을 애써 그 길을 걸어야 했다. 누구도 인정해 주지 않는 자존감, 자만심의 결과였다. 나 아니면 이 일을 아무도 할 수 없다고 생각했다. 큰 착각이었다. 내가 했기에 겨우 그 정도를 이룬 것이지 똑같은 조건에서 다른 사람이 했다면 더 좋은 결과를 갖고 왔을 것임을 느낀 것은 한참 세월이 흐른 뒤였다. 인생과 공직 선배로서 후배분들에게 이 점 꼭 남기고 싶다.

　이 겸손의 무게를 한층 더해주는 감동적인 실화도 있다. 네팔의 산을 오를 때 도움을 주는 이른바 셰르파라 불리는 사람 중에 '칸챠'라는 분이 있다. 현재 94세의 나이다. 이 사람은 1953년 에드먼드 힐러리 경이 세계 최초로 에베레스트(8,848m)를 올라갈 때 동행했던 등정팀 35명 중 유일하게 생존해 있는 인물이라 한다. 바로 이 사람이 지난 2023년 이런 말을 남겼다. "에베레스트는 가장 겸손한 자세로 나서야 등정의 기회를 준다."

그리고 후렴 다섯 글자는 공렴원효성(公廉願效誠)이다. 키포인트는 이 중에서도 앞 두 글자 '공렴'이다. 즉 공정과 청렴이다. 전체 뜻은 공정과 청렴으로 임금과 백성을 위해 정성을 다한다는 것이다.

열 글자 전체를 다시 얘기하면 내가 비록 둔하고 서툴러 관직의 일을 제대로 처리하지 못하더라도, 일단 그 관직에 나선다면 공정과 청렴으로 국가와 국민을 위해 모든 정성을 다하겠다는 의미이다. 정말 값진 다산의 공직관이 아닐 수 없다. 우리 모든 공직자는 이러한 다산의 정신을 온몸으로 받아들여야 할 것이다.

생각해 볼 거리 ➡ 나의 공직 철학은 과연 무엇일까?

4

다산(茶山)의 세 가지 청렴
재물, 색, 직위

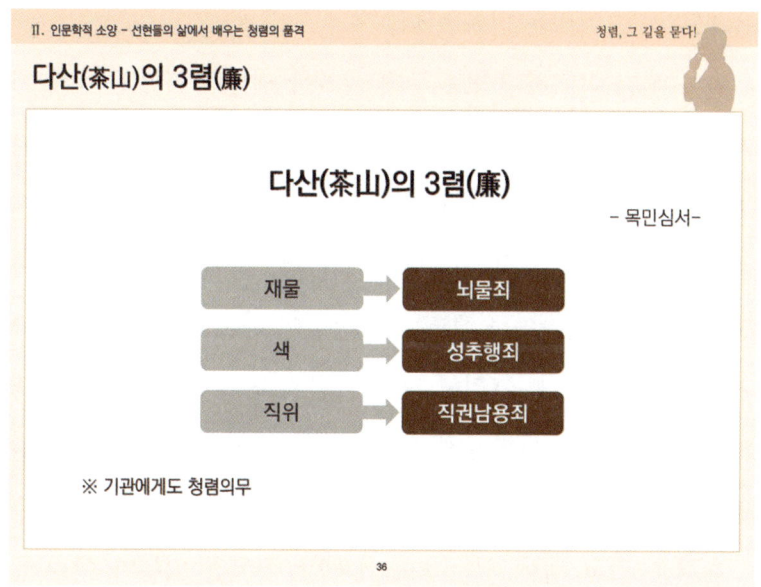

 다산 선생은 위 그림에 있는 것처럼 『목민심서』를 통해 무릇 공직자는 세 가지 부문에 청렴해야 한다는 다산 3렴(廉)을 얘기한다. 즉 모든 공직자는 재물과 색과 직위에 청렴해야 한다는

것이다. 다산(1762~1836)은 우리보다 200여 년 전 앞서 활동하셨던 분이다.

그런 다산이 3렴을 설파했는데 실로 그 엄청난 혜안에 감탄이 절로 나온다. 그 3렴 모두가 이를 위반할 경우 지금 현행법에도 그대로 적용되기 때문이다. 즉 그림에서처럼 재물은 뇌물죄로, 색은 성추행죄로, 그리고 직위를 남용하게 되면 직권남용죄로 각각 처벌을 받게 된다.

얼마 전까지만 하더라도 국제 성리학 세미나 같은 곳에서 거론된 분은 거의 이황 선생과 이이 선생 두 분이었다. 그러나 최근 들어 새로이 등장하고 있는 분이 바로 다산 선생이다. 이는 세계적으로 유명한 성리학자에 이황, 이이 선생에 이어 다산까지 모두 세 분이나 우리나라 성현이 배출되었다는 일대 쾌거가 아닐 수 없다. 그리고 다산은 공직자 개개인 모두가 청렴해야겠지만 특히 기관에게도 청렴의무가 있음을 강조했다. 당연한 말씀이다.

청렴은 결코 밑에 있는 사람에게만 주어진 의무가 아니다. 고위직에 있는 사람도 청렴해야 하고 또 그 기관 자체도 청렴해야 한다. 한마디로 기관과 기관 소속 직원 모두가 청렴할 때 비로소 청렴에의 가치는 완성된다. 이 부분에서 직접 겪었던 일로 굉장히 의미심장했던 2개의 현장 경험을 소개한다.

지방에서 있던 한 강의에서였다. 바로 이 기관에게도 청렴의무가 있다는 말을 막 끝냈는데 수강자 누군가 갑자기 박수를 쳤다. 그러나 더 놀라운 광경은 곧바로 거의 모든 수강자가 따라서 열렬히 박수를 치는 것이 아닌가! 갑작스러운 해프닝에 나 역시 조금은 얼떨떨했다.

재빠른 상황판단이 필요한 시점으로 금방 그 의미를 알아차릴 수 있었다. 그랬다. 그 자리에는 기관장이 참석하지 않았다. 비록 서로 말은 안 했지만 이 기관은 고위직의 청렴성에 상당한 문제가 있음을 느꼈다. 그러니 기관도 청렴해야 한다는 강사의 말에 커다란 공감을 표시한 것이 바로 그 해프닝의 참뜻이었다.

여기에서 내가 강의 현장에서 느끼는 한 가지를 얘기하고 싶다. 강의를 마치고 나면 그 기관은 강의 결과를 강사 평가와 함께 국민권익위원회의 청렴연수원에 통보하게 되어 있다. 만일 통보하지 않으면 수강한 실적으로 인정받지 못하기에, 이 과정은 기관으로서는 선택 아닌 필수이다. 그리고 이 통보에는 해당 기관장의 수강 여부도 포함된다. 그리고 기관장이 강의를 들었는지에 따라 기관 평가점수의 차이가 나는 것으로 알고 있다. 그래서인지 요즈음은 기관장이 직접 수강하는 경우가 꽤 높은 편이긴 하다.

그러나 불과 2년여 전만 하더라도 기관장의 직접 수강은 거의 손가락 꼽을 정도였고, 그것도 처음에만 왔다가 잠시 후 먼저 나가는 경우가 비일비재했다. 아마 해당 기관장들도 직접 수강 시 기관 점수가 더 오른다는 사실을 모르지는 않았을 것이다. 물론 어떤 불가피한 경우가 있을 수도 있다. 이 경우 강의 전에 상황을 전하며 양해를 구하는 기관장이 참 따뜻해 보이는 느낌은 어쩔 수 없다.

또 다른 강의 경험은 어느 연구기관에서 있었다. 역시 기관도 청렴의무가 있다는 말을 끝냈을 때다. 앞줄에 앉아 있던 한 수강자가 벌떡 일어서더니 아무런 말도 없이 뒤로 돌아서서 뒤에 있는 수강자들에게 허리 굽혀 인사를 하는 것이 아닌가! 순간 이건 또 무슨 해프닝인가 싶었다. 많은 강의를 소화하다 보니 별의별 일이 다 발생하는 것은 당연하다.

이 강의에는 사전에 어떤 인사도 나누지 못하고 곧바로 투입되었기에 그분이 누구인지 몰랐으나 나중에 보니 소속 기관장이었다. 어쨌든 일어나 되돌아서서 인사를 하자 우레와 같은 박수가 온 장내를 울렸고 순간적으로 바로 느껴지는 것이 있었다. 아, 이 기관은 위로부터 제대로 무언가를 하고 있구나. 아마도 그 기관장은 기관에게도 청렴의무가 있다는 나의 말에 비록 아무 말도 없었지만 되돌아서서 소속 직원들에게 우리 연구원은 어떠냐며 물어본 것이고, 또 직원들은 역시 말은 안 했지만 우리 기관은 잘하고 있다며 뜨거운 박수로 화답을 한 것으로 판단했다. 강의 후 인사를 나누면서 정말 아름다운 상하 간의 모습이란 나의 찬사가 더해짐은 당연했다.

이왕지사 기관장을 포함한 고위직의 이야기도 나왔으니 이 부분을 조금 더 거론해 보자. 솔직히 표현해 밑에서의 부정보다는 고위직에서의 부정이 훨씬 문제가 크다. 도덕적인 면에서도 그렇고 부정부패의 규모 또한 그렇다.

우리 속담에 "윗물이 맑아야 아랫물도 맑다"라는 매우 낯익은 말이 있다. 너무도 당연한 논리다. 윗물이 더러운데 그 밑에 있는 물이 깨끗할 까닭이 없다. 흥미롭게도 외국의 속담 중에서 우리 이 속담과 아주 유사한 것들이 있다.

먼저 중국의 속담을 한번 보자. 우리가 집을 지을 때는 상량식(上樑式)이라는 과정을 거친다. 여기에서 량(樑) 자는 들보 량자로 대들보를 의미한다. 일단 집의 기초를 닦고 기둥을 세우게 되면 그 기둥과 기둥 위로 올리는 것이 바로 대들보이다. 예로부터 이 대들보를 올릴 때는 아주 신성한 의식을 진행해 왔다. 즉 여기에 집을 지켜주는 수호신인 상량신(上樑神)이 존재한다고 믿었고 집짓기가 잘 마무리되길 바라는 기원과 함께 입주 후 행복 가득한 집이 되도록 보살펴달라는 의미에서 거치는 의식이다. 해서 축원문도 만들어 그 위에 잘 간직해 두기도 하고 또 집 짓는 인부들에게도 술과 음식을 대접하며 작은 성금을 건네는 등 그동안의 수고에 대한 보너스 성격의 보답도 한다. 요즈음 일반인들은 생소할지 몰라도 작든 크든 건축업을 하는 사람들에게는 꽤 중요한 의식으로 인식하고 있다.

　바로 이 상량을 올리는 단계에서 관련된 중국 속담이 나온다. 즉 상량부정이면 하량왜(上樑不正下樑歪)라는 것이 있다. 해석하면 위 대들보가 똑바로 놓이지 못하면 밑의 대들보도 틀어지게 된다는 뜻이다. 지극히 당연한 논리다. 제일 위에 있는 단추를 잘못 끼우게 되면 그 밑으로는 모두가 엉망이 되듯이 제일 높은 대들보를 잘못 놓게 되면 그 밑에 있는 대들보들이 모조리 뒤틀리게 됨은 분명한 사실이다. 우리 속담인 윗물이 맑아야 아랫물도 맑다는 것과 개념상 그 결이 정확히 일치한다.

　우리의 이 속담을 영어로 의역한다면 "Fish rots from the head down"이다. 이 영어를 다시 직역한다면 "생선은 머리부터 아래로 썩어 간다" 정도가 되겠다. 그런데 바로 이 영어 표현이 옛 터키, 즉 지금은 튀르키예의 속담에서 파생되어 나온 것이라 한다. 실제로야 생선이든 짐승이든 내장부터 썩기 마련이지만 부패와 관련된 속담을 만들다 보니 이렇게 변화된 것 같다.

어쨌든 위 세 나라의 속담이 개념상 고위직의 부패에 더욱 추상같은 철퇴를 내리고 있는 것을 보면 윗사람의 청렴이 얼마나 중요한가를 잘 느끼게 한다. 만일 어느 조직에서 밑에 있는 직원이 어떤 부정행위를 저질렀다면 바로 그 위에 있는 직속 간부직원들은 스스로를 냉철하게 되돌아볼 필요가 있다. 그 이유는 혹시 간부직원인 내가 평소에 어떤 흠결을 보이면서 이로 인해 해당 부하직원이 일탈하게끔 동기부여를 만든 것은 아닌지 먼저 반성할 필요가 있다는 것이다.

상행하효(上行下效)란 말이 있다. 위에서 어떤 행동을 하게 되면 밑에서는 그것을 본받기 마련이란 얘기다. 그러니 청렴이라는 모습도 위로부터 모범을 보임이 중요하다. 고위 공직자들은 이를 항상 가슴에 새겨두고 솔선수범에 최선을 다하며 부족함이 없어야 하겠다.

다산은 이 청렴에 대해 이렇게 정리를 했다. "청렴은 백성을 이끄는 자의 본질적 임무요, 모든 선행의 원천이며 모든 덕행의 근본이다!"

생각해 볼 거리 ➡ 나의 일상(특히 고위직)에서 무심코 지나친 부정의 순간은 없었을까?

5
신흠, 대쪽 같은 조선 선비정신의 숭고한 결정체

Ⅱ. 인문학적 소양 - 선현들의 삶에서 배우는 청렴의 품격   청렴, 그 길을 묻다!

신흠의 청빈·지조

(1566 ~ 1628)

桐千年老恒藏曲 (동천년로항장곡)
梅一生寒不賣香 (매일생한불매향)
月到千虧餘本質 (월도천휴여본질)
柳經百別又新枝 (유경백별우신지)

37

 이 파트가 청렴에 대한 인문학적 소양을 함양하는 부문이어서 이번에는 청렴을 대표하는 한시 한 수를 소개하려 한다. 앞서도 얘기했지만, 어려운 한자에 몰입할 필요는 없다. 단순히 원전을 밝히기 위함이고 그때마다 해석과 함께 설명을 하니 감상의 핵심만 잡으면 된다.

조선 중기에 손꼽히는 4대 문장가가 있었다. 우리가 중·고교 시절 국어시간 때 한 번쯤은 모두 들어보았을 만한 분들이다.

그 대표 주자로는 관동별곡, 사미인곡, 성산별곡, 속미인곡 등 우리 가사문학에 뚜렷한 발자취를 남긴 송강 정철이다. 비록 정치인으로는 크게 실패하였으나 유배생활 등을 통해 주옥같은 가사작품을 남겼으니 우리 고전문학 입장에선 두 팔 높이 들어 환영할 일이다.

다음은 바다의 4계절을 시조의 형태로 나타낸 어부사시사를 쓴 고산 윤선도가 있다. 무심한 백구는 내좇는가 제좇는가 하며 어부사시사의 한 편을 외웠던 학창시절이 생각난다.

그리고 또 한 분은 조홍시가를 부른 노계 박인로이다. "반중 조홍감이 고와도 보이나다. 유자 아니라도 품엄즉도 하다마는 품어가 반길 이 없으니 글로 설워 하나이다"라는 조홍시가는 돌아가신 부모님을 그리워하며 맛있게 생긴 감을 가져가 본들 부모님께 드릴 수 없음을 한탄하여 부른 사부곡/사모곡이다.

모두가 주옥같은 글들이다. 끝으로 나머지 한 분이 바로 여기에서 소개하려는 호가 현헌(玄軒)인 신흠 선생이다.

현헌 선생은 1566년에 태어나 환갑을 막 넘어서까지 사셨다. 임진왜란 때에는 신립 장군을 따라 조령전투에도 참가했고, 선조 때 병조판서와 경기관찰사, 광해군 때는 예조판서와 대제학, 그리고 인조 때는 영의정에 이르신 분이다. 우리는 흔히 조선시대의 대쪽 같은 선비정신이란 말을 종종 사용한다. 가난을 결코 부끄럽게 생각하지 않고 청빈 속에서 살아가며 기개와 의리를 자신의 생명처럼 소중히 여기는 올곧은 선비의 지조를 일컫는 말이다. 이러한 모습을 그대로 지닌 분이 바로 현헌 선생이다.

이분이 지은 한시 중에 '오매월류(梧梅月柳)'라는 칠언절구의 시가 있다. 바로 154p 그림에 나와 있는 시이다. 이 시를 보면서 나는 청렴을 가히 대표할 수 있는 품격을 지녔다고 생각하여 주저 없이 청렴 대표 한시로 선정해 여기에 올렸다.

이 시의 감상 포인트는 조선시대의 대쪽 같은 선비정신이란 아무리 시간이 지나고 또 아무리 상황이 바뀐다 해도 한번 세운 지조는 절대 변하지 않는다는 올곧은 정신에 맞추어 보면 더욱 매료될 것 같다. 그 의미와 해석은 다음과 같다.

동천년로항장곡(桐千年老恒藏曲) : 오동나무는 천 년이 지나도 항상 그 곡조를 간직하고

매일생한불매향(梅一生寒不賣香) : 매화는 일생을 춥게 살아도 그 향기를 팔지 않으며

월도천휴여본질(月到千虧餘本質) : 달은 천 번을 이지러져도 본래의 모
습을 잃지 않고
유경백별우신지(柳經百別又新枝) : 버드나무는 백 번을 꺾여도 거기에
또 새 가지를 피운다.

첫 번째 연의 오동나무는 가야금이나 거문고처럼 오동나무로 만든 악기로 확대해 해석함이 의미상 더 명료해진다. 해석에서 보는 것처럼 대쪽 같은 선비정신이란 세월이 바뀌어도, 어떤 조건이 달라진다 해도, 모든 자연의 이치처럼 절대 달라질 수 없다는 조선 선비의 높은 기개를 아낌없이 보여주고 있다.

특히 우리 청렴의 입장에서 볼 때 깨끗한 공직자가 되고자 한 초심의 큰 뜻과 시간과 환경이 아무리 바뀌어도 결코 흔들리지 않는다는 조선 선비의 대원칙이 함께 어우러지는 가히 금강석과도 같은 시라고 하겠다.

청렴 실천 팁 ➡ 조선시대 대쪽 같은 선비정신 따라 하기!

6
법정 스님의 무소유
비움에서 시작되는 청렴

Ⅱ. 인문학적 소양 - 선현들의 삶에서 배우는 청렴의 품격   청렴, 그 길을 묻다!

법정(法頂)의 세계

● **인생관**
삶은 소유물이 아니라 순간순간의 있음이다.
영원한 것이 어디 있는가.
모두가 한때일 뿐, 그러나 그 한때를 최선을 다해
최대한으로 살 수 있어야 한다.
삶은 놀라운 신비요, 아름다움이다.
　　　　　　　　　　　　- 버리고 떠나기

● **무소유관**
무소유란 아무 것도 갖지 않는다는 것이
아니라 불필요한 것을 갖지 않는다는 뜻이다.
우리가 선택한 맑은 가난은 부보다
훨씬 값지고 고귀한 것이다.
　　　　　　　　　　　　- 산에는 꽃이 피네

● **행복관**
행복은 결코 큰 데만 있는 것이 아니다.
작은 것을 가지고도 고마워하고 만족할 줄 안다면
그는 행복한 사람이다.
여백과 공간의 아름다움은
단순함과 간소함에 있다.
　　　　　　　　　　　　- 홀로 사는 즐거움

행복의 척도는 필요한 것을
얼마나 많이 가지고 있느냐가 아니라,
불필요한 것으로부터 얼마나
자유로워져 있느냐에 달려있다.

　종교 문제를 떠나 청렴을 얘기하면서 법정 스님이 남기신 말씀을 거론치 않을 수 없다. 법정 스님은 여러 에세이집을 통해 현재를 살아가는 우리 모두에게 상당한 가르침을 남기셨다. 위 그림에서처럼 인생관이라든가 행복관 등을 설파했는데 그중 행복관을 한번 보자.

행복은 큰 것만이 아닌 작은 것으로도 고맙고 만족할 줄 안다면 그것이 바로 행복이라 했다. 앞선 1부에서도 국민의 행복지수를 논하면서 부탄이나 네팔같이 경제적으로는 대단히 부족하면서도 행복지수는 상대적으로 높게 나오는 결과를 보면 충분히 이해되는 부분이다.

장애인의 입장에서 행복의 조건은 무엇일까? 당연히 다른 사람들처럼 건강한 육체를 가질 수 있음이 곧 행복일 것이다. 다른 사람은 보편적으로 다 갖고 있는데 나만 부족하다면 그 부족함을 되찾는 것이 곧 진정한 행복이다.

내게 초등학교 친구가 한 명 있다. 전기 분야 공학박사이다. 이 친구가 집에서 혼자 운동기구에 올라 운동하다 떨어지면서 신경이 다치는 큰 사고를 당했다. 뒤늦게 발견한 가족이 부랴부랴 병원으로 옮겨 대수술이 이루어지고 이후 지금까지도 휠체어에 의지하며 혼자서는 거동하기 어려운 투병생활을 계속하고 있다. 수술 후에서야 그의 부인으로부터 연락을 받고 황급히 병원으로 가보았다. 많은 신경이 마비되어 침대에 누운 채 겨우 말 몇 마디 정도만 간신히 이어가는 상황이었다. 그때 그 부인이 이런 얘기를 내게 했다. 병원에서는 사람이 할 수 있는 조치는 모두 다 했고 이제 남은 것은 신의 몫이라 했단다.

지금으로선 휠체어에 앉아서 혼자 컴퓨터 자판만이라도 두드릴 수 있기만 하면 좋겠다는 아주 작은 소망이었다.

1년여가 지난 지금, 상당히 호전되어 이제는 혼자 휠체어를 약간 움직일 만큼 좋아진 모습을 보고 그 부인에게 되물었다. 앞서 내게 한 얘기를 꺼내며 지금의 심정을 물었는데 이 정도까지만 와준 것도 너무 감사하며 힘들지만 행복감을 느낀다고 했다.

그렇다. 이렇게 작은 것을 갖고도 고마워하고 만족할 줄 안다면 그는 행복한 사람이라는 스님의 말씀과 일치한다. 그 친구와는 같이 산행도 많이 했다. 어서 쾌차해 또다시 그런 날이 오기를 기다려본다. 우리 모두의 행복은 결코 멀리 있는 것이 아닌 가까운 주변에 있으며, 큰 것이 아닌 소소한 것에서도 찾을 수 있음을 이런 기회에 모두가 느꼈으면 좋겠다.

그런데 청렴이라는 측면에서 법정 스님의 큰 가르침은 무엇보다도 바로 무소유관이 아닐까 싶다. 위 그림에서처럼 그는 무소유란 아무것도 갖지 않는다는 것이 아니라 불필요한 것을 갖지 않는다는 뜻이라 했다. 한마디로 폐부를 찌르는 촌철살인의 표현이다. 되돌아보면 사실 우리 모두는 너무도 많은 불필요한 것들에 둘러싸여 있다.

집에 있는 옷장을 한번 열어보자. 웬 옷들이 그리도 빽빽이 많은지 뭐 하나 꺼내고 다시 넣기도 영 만만치 않다. 그리고 주방에 있는 찬장을 또 열어보자. 여기에도 많은 그릇이 층층이 쌓여 있다. 우리 집 또한 그 예외는 아니다. 한번은 아내에게 불필요한 그릇을 좀 없애자는 제안을 해 힘겨운 승낙 끝에 같이 정리를 할 때였다. 정리하던 아내가 혼잣말로 "어, 언제 이런 그릇이 우리 집에 있었지" 한다. 안쪽에 깊숙이 있으니 뭐가 있는지도 모르고 몇 년씩이나 그 자리를 차지하고 있으니 나올 수밖에 없는 얘기다. 낑낑거리며 버리고 나서야 여유 공간도 생기고 보기에도 깨끗해 좋았다.

우리 모두는 불필요한 풍족함에 너무도 젖어 있다. 이 모든 것이 자원의 낭비이고 후손에게 아름다운 자연을 물려주지 못함이니 크게 생각해 볼 일이다. 해서 행복의 척도는 필요한 것을 얼마나 많이 가지고 있느냐가 아니라, 불필요한 것으로부터 얼마나 자유로워져 있느냐에 달려 있다는 스님의 가르침에 큰 깨달음을 느껴야 하겠다.

올바로 취득한 것만도 쓸데없이 이렇게나 많은데 굳이 부정한 짓으로 불필요함을 더 쌓는 어리석음에서 우리 모두는 감연히 탈피해야 할 때다.

생각해 볼 거리 ➡ 우리 집에는 불필요한 것들이 과연 얼마나 많을까?

7
뛰어난 인간관계의 대가
전국시대 맹상군

맹상군 일화

空手來 空手去(공수래 공수거)
世上事 如浮雲(세상사 여부운)
成墳墓 人散後(성분묘 인산후)
山寂寂 月黃昏(산적적 월황혼)

중국의 역사에서 춘추전국시대라 불리는 시점이 있다. 우리 모두 몇 번이고 들어봤을 부분인데, 워낙 긴 역사적 기간 중의 한 시점이기에 이렇게 합쳐서 부르고는 있지만 정확하게는 춘추시대와 전국시대로 나누어 부르는 것이 보다 타당하다.

잘 알려진 대로 춘추시대는 공자, 노자, 장자 등 우리에게도 친숙한 대성현들이 등장하는 시대이다. 이 시대에는 다양한 학파와 학자들이 자유롭게 자신의 사상과 학문을 펼쳤던 때이다. 워낙 많은 사상가가 출현하여 자유로운 주장을 전개함에 따라 '백가쟁명(百家爭鳴)'이라는 말까지 만들어졌다. 즉 백가쟁명이란 다양한 학문과 철학의 분파가 토론하고 경쟁하는 모습을 말한다. 현시대도 학문과 철학의 진정한 발전을 위해서는 이러한 백가쟁명의 분위기가 뒷받침되어야만 한다.

그러나 안타깝게도 우리 사회의 현실은 오로지 내 주장만 맞고 다른 쪽의 주장은 틀리다는 흑백논리로만 가득 차 있어 발전은커녕 퇴보만을 보이고 있으니, 옛 성현들의 이 같은 모습을 제대로 배울 필요가 있어 보인다.

이러한 춘추시대의 시점은 BC 770년으로 알려져 있다. 이에 비해 전국시대의 시점은 BC 405년으로 춘추시대 이후에 발생한 또 다른 시대이다. 이 전국시대에는 힘의 논리가 앞세워져 말 그대로 전쟁이 일상화되었던 시대이다. 해서 중국 전체에 많은 나라들이 각축을 벌이는데 그중에서도 7대 강국이 있었으니, 역사에서는 이를 전국 7웅(戰國七雄)이라 부른다. 이름하여 진, 초, 제, 연, 한, 위, 조나라가 그것이다.

이렇게 많은 나라들의 각축은 이로부터 약 200년 후인 BC 221년에 저 유명한 진시황제가 천하를 통일하면서 전국시대의 뒷모습이 끝나게 된다. 이러한 전국시대에 소위 '4군자'라 불리는 유명한 사람들이 나타난다. 이 4군자는 제나라의 맹상군 전문, 조나라의 평원군 조승, 위나라의 신릉군 무기, 그리고 초나라의 춘신군 황헐 등 네 명을 말한다.

이 중에서도 우리에게 제일 많이 알려진 사람이 맹상군 전문이다. 맹상군 하면 떠올리게 되는 것이 바로 3천 명이나 되는 어마어마한 식객의 숫자다. 워낙 사람들을 좋아해 어떤 명망이나 특기를 갖고 있는 사람들을 자기 휘하로 모이게 한 뒤 무료 숙식을 제공함은 물론 필요시 경제적인 지원도 아끼지 않았다. 아무리 그렇다고 해도 3천 명이라는 식객의 숫자는 좀 크게 과장된 듯싶다. 마치 백제의 의자왕이 3천 궁녀를 거느렸다는 것과 무척 유사해 보인다. 어쨌든 이렇게나 많은 식객이 있다 보니 그중에는 별의별 특기를 가진 사람도 많아 맹상군의 목숨이 위태로울 때마다 결정적으로 도움을 준 사람들이 많았다.

진나라 소양왕이 맹상군의 현명함을 듣고 진나라로 초대하여 재상의 벼슬을 주려고 했다. 그러자 그 휘하에서 제나라 사람에게 재상을 맡기면 결국 자기 나라를 위해 진나라를 망하게 할 것이니 차제에 아예 죽이자는 결론을 낸다. 이를 알아차린 맹상군은 급히 진나라에서 탈출하려 했고, 소양왕의 애첩에게 왕을 설득해 자신을 풀어 달라며 도움을 청했다.

그런데 요구조건이 나왔다. 맹상군은 진나라로 오면서 그 왕에게 호백구라는 옷을 선물한다, 여우의 겨드랑이 쪽에 있는 흰 털 부분의 가죽으로 만든 옷으로 그 가치를 환산키 어려운 진귀한 보물인데, 이 호백구를 자기에게도 주면 도와주겠다고 했다. 달랑 하나 갖고 온 것을 또 달라 하니 그야말로 낭패였다. 이에 고민하는데 마침 휘하 식객 중에 개의 소리를 잘 내는 도둑이 있었고 이 사람이 나서서 밤중에 궁궐 보물창고에 놓여 있는 호백구를 훔쳐 이를 애첩에게 주면서, 결국 애첩의 간청에 따라 맹상군을 풀어주게 된다.

왕의 마음이 변할 수도 있어 부리나케 도망을 쳐 국경인 함곡관에 도착했는데 아직 어두운 밤이었다. 이 성문은 새벽 닭 소리가 난 이후에야 통행이 가능한 규칙이 있어 닭이 울 새벽까지 기다려야 했다. 이미 변심한 왕의 추격대가 점점 다가오는 절체절명의 순간이었다. 이때 마침 닭 소리를 잘 내는 식객이 있어 이 사람이 닭 소리를 내자 주변의 모든 닭이 새벽으로 알고 일제히 울게 되었다. 마침내 성문이 열렸고 그렇게 간발의 차로 목숨을 구했다는 일화가 있다.

여기에서 나온 고사성어가 바로 '계명구도(鷄鳴拘盜)'이다. 계명구도란 닭의 울음소리를 잘 내는 사람과 개의 흉내를 잘 내는 좀도둑이란 의미로, 비록 천한 재주를 가진 사람도 때로는 요긴하게 쓰일 수 있음을 비유할 때 사용되는 말이다. 따라서 계명구도가 우리에게 주는 교훈은 어떠한 사람이라도 그만이 갖고 있는 재능이 있는 것이니 함부로 천시하거나 무용하다고 쉽사리 내치지 말라는 것이다. 유능한 리더의 조건 중에는 뭇사람의 타고난 재주를 빨리 알아채 그것을 충분히 활용하도록 이끌어 내는 능력도 그 하나라고 하겠다.

명심보감 성심 편에도 이 상황을 뒷받침해줄 만한 내용이 나온다. 즉 천불생무록지인(天不生無祿之人)이요, 지부장무명지초(地不長無名之草)가 그것이다. 그 뜻은 하늘은 제 몫 않는 사람을 내지 않고, 땅은 쓸모없는 풀들을 기르지 않는다는 내용이다. 즉 어떠한 사람도 또 하다못해 한 잎의 잡초에 이르기까지 그 쓸모가 있는 것이니 당장 볼품이 없더라도 그만이 갖고 있는 효용가치를 발굴하라는 의미이다. 유능한 리더라면 곱씹어 되새겨볼 대단히 의미 있는 내용이다.

아울러 맹상군과 관련된 다른 고사성어 중에는 교토삼굴(狡兎三窟)이라는 것도 있다. 교활한 토끼는 위급 시 어디로든 도망가기 위해 굴을 세 개나 판다라는 뜻으로 사람도 여러 대안을 갖고 있어야 위험에서 벗어날 수 있다는 의미이다. 요즈음 흔히 들을 수 있는 B플랜, C플랜 하는 것이 바로 이 교토삼굴의 개념이라 하겠다.

맹상군의 식객 중에 풍환이란 사람이 있는데 이 사람이 이런 적절한 여러 대책을 제시하여 맹상군을 위기에서 벗어날 수 있게끔 도와주었다. 즉 비록 많은 식객을 거느리느라 경제적 문제로 무척 힘들었지만 어려울 때마다 그 식객 중 도와주는 사람이 나타나 위험에서 벗어나곤 했다. 즉 3천 명이라는 식객의 의미는 인간관계의 상호 중요성을 크게 부각시키고 있는데, 이것이 바로 맹상군이 4군자 중에서도 후세 사람들에게 가장 많이 알려진 이유인 것은 아닐까 싶다.

162p의 그림의 시는 맹상군의 또 다른 측면의 일화이다. 평상시에는 이렇게나 많은 식객과 어울려 마냥 놀고 즐기는 맹상군이었으나 매일 유사한 모습에 아마 싫증이 났던 모양이다. 그래서 연회를 즐기던 중 식객들에게 한 가지 제안을 한다. 지금 이렇게 기쁜 자리에서 갑자기 나를 정말 슬프게 만들어 울리는 사람이 있다면 그에게 큰 상을 내리겠다고 했다. 이에 많은 사람들이 나서 슬픈 이야기라든지 행동 등으로 맹상군을 울

리려 애썼지만, 맹상군은 모두 손을 휘저었다.

 아, 이렇게나 많은 사람 중에 나를 울릴 사람이 정녕 아무도 없단 말인가 하며 탄식하는데 한 사람이 내가 해보겠다고 나선다. 그 사람은 앞을 못 보는 맹인으로 앵금(우리의 해금과 비슷한 중국 현악기의 일종)을 타며 노래를 하는 식객이었다. 이 사람이 앵금의 구슬픈 현율을 한참 타는데 갑자기 앵금의 한 줄이 툭 끊어지며 더 이상 소리가 나지 않자 잠시 있더니 이윽고 애절한 목소리로 위 시를 노래하기 시작한다.

공수래 공수거(空手來 空手去) : 빈손으로 왔다가 빈손으로 가는 게 인생이니

세상사 여부운(世上事 如浮雲) : 세상사 모든 일이 뜬구름 같구나

성분묘 인산후(成墳墓 人散後) : (누구든 죽어) 무덤이 만들어지고 거기 있던 사람들이 모두 흩어져 산을 내려가고 나면

산적적 월황혼(山寂寂 月黃昏) : 산속은 적막하고 달은 황혼이로다

 공수래공수거, 많이 듣던 얘기다. 임금도, 부자도 죽고 나면 아무것도 지니지 못한 채 산속에 있는 어느 무덤 안에 외로이 누워 있게 된다. 그러니 살아서 어떠한 부귀영화를 누렸더라도 제 한 몸 죽은 뒤엔 말 그대로 적막강산이요, 달그림자 휑하니 비추는 무주공산일 뿐이다. 따라서 그 모든 욕심 내려놓고 정

말 깨끗하고 인간다운 삶을 사는 것이 중요하다는 의미심장한 노래를 부른 것이다. 이 노래에 통곡한 맹상군은 이후 참다운 삶을 영위하기 위해 많은 노력을 했다고 한다.

　이 맹상군의 일화는 우리가 태어나 어떤 삶을 살아가야 하는지에 대해 분명한 방향을 제시해 준다. 결국 인생이란 한순간 말처럼 스쳐 지나가는 것이다. 좋은 말, 올바른 행동만을 보이기에도 지극히 짧은 게 우리 인생이니 굳이 악담과 비난 그리고 부정한 행위나 남을 괴롭히는 행동은 해야 할 이유도 시간도 없다. 모두의 마음속에 깊이 담아두어야 할 생생한 교훈이다.

　지금 이 맹상군의 일화나 다음 그림에 나오는 서산대사의 생사관은 실제 현장에선 강의로 진행된 적이 없다. PPT 자료로 만들어 놓기는 했지만, 실제 강의 시간에는 그냥 넘어가고 만다. 그 이유는 워낙 많은 내용을 강의하다 보니 이 부분도 꼭 얘기는 하고 싶지만 도저히 시간이 허락되지 않기 때문이다. 해서 이 책에서 처음으로 비교적 상세히 다루었으니 평소 이 부분이 궁금했던 수강자분들이라면 특히 집중해 살펴보길 바란다.

생각해 볼 거리 ➡ '공수래공수거'라는 자연의 섭리 인식!

8
서산대사
인생의 삶과 죽음을 말하다

서산대사 생사관

生也一片浮雲起 (생야일편부운기)
死也一片浮雲滅 (사야일편부운멸)
浮雲自體本無實 (부운자체본무실)
生死去來亦如然 (생사거래역여연)

위 그림은 서산대사 휴정의 임종계이다. 임종계란 돌아가실 때 지은 시를 말하는데 통상 여기에는 그 사람의 사상이라든가 평생 어떻게 살아왔는지 그 궤적이 담겨 있다.

서산대사 하면 제일 먼저 생각나는 것이 임진왜란이 일어나자 승군을 조직하여 왜군에 맞서 싸운 모습이다. 당시 변변치 못한 조정의 무능 탓에 전 강토가 유린당하자 살생을 금하는 불교의 원칙을 벗어나면서까지 도총섭이라는 승군 총사령관이 되어 전투에 나섰다.

실제로 당시 승군의 활약을 보면 임란 다음 해인 1593년 1월 8일에 일어난 평양성 전투에서 전공을 세우기도 하고, 충무공의 해전에서도 많이 등장하는 기록이 남아 있다. 위 시를 보면 앞선 맹상군 일화에 나오는 맹인이 부른 노래에서처럼 인생을 구름으로 비유하는 공통점이 있다. 이제 이 시를 감상해 보자.

생야일편부운기(生也一片浮雲起) : **삶이란 한 조각 구름이 일어남이요**
사야일편부운멸(死也一片浮雲滅) : **죽음이란 한 조각 구름이 사라짐이다**
부운자체본무실(浮雲自體本無實) : **뜬구름 자체에는 본래 실체가 없으니**
생사거래역여연(生死去來逆如然) : **삶과 죽음을 들고 남이 또한 그와 같구나**

태어나서 다시 죽음에 이르기까지 뭐 전혀 거창한 것이 아닌 단순히 구름이 생겼다가 또 없어지는 것이라 했다. 그런데 그런 구름 자체에 어떤 실체가 있었던가? 태어나 다시 죽음으로 오가는 것 그대로가 구름과도 같다는 심정을 밝힌 시다.

이러니 맹상군의 노래에서도 얘기했듯이 짧고 단순한 인생에서 굳이 나쁜 짓을 할 이유가 없다. 올바르고 성실하게만 살기에도 한순간에 지나치는 것이 우리에게 주어진 삶이니 옛 선인들의 이 같은 교훈을 다시 한번 마음속 깊이 받아들이자.

생각해 볼 거리 ➡ 인생이란 바로 뜬구름 같은 것?

9

꽃과 쓰레기
무엇을 선택할 것인가, 어떤 삶을 누릴 것인가

 이와 같이 제2부에서는 청렴의 제반적 면모를 인문학적 관점에서 살펴보았다.
 위 그림은 이 모든 부분을 한 마디로 종합한 내용이다. 여기

에 바구니가 하나 있다. 이 바구니에 아름다운 꽃을 담게 되면 모두가 좋아하고 또 가까이하고 싶은 꽃바구니가 된다. 그러나 똑같은 바구니에 각종 쓰레기를 담아 놓으면 모두가 기피하고 멀리 떨어지려는 쓰레기 바구니가 될 수밖에 없다.

이제 1부와 2부에서 청렴의 모든 것을 섭렵한 수강자 및 독자 여러분들은 이 두 바구니 중 어떠한 바구니를 선택할지 스스로 결정을 내려야 한다. 그리고 그 선정의 결과는 오롯이 우리 모두의 몫이요 엄중한 책임이다.

『자경문(自警文)』이란 책에 "삼일수심(三日修心)이면 천재보(千載寶)요, 백년탐물(百年貪物)은 일조진(一朝塵)"이란 말이 나온다. 3일간

만 마음을 잘 닦아도 천 개의 보물을 마음속에 담을 수 있는데, 어떤 물건에 백 년이나 욕심을 내어본들 하루아침의 티끌/먼지에 지나지 않는다는 의미이다.

모든 공직자는 이 말을 되새기며 정말 청렴하겠다는 우리 모두와의 약속을 굳건히 지켜 말 그대로 깨끗한 공직사회를 구현하는 데 진력을 다하시길 바란다. 그것만이 현시대를 살아가는 모든 공직자에게 진정 국가와 국민을 위한 최고의 역할과 책무가 되기 때문이다.

三日修心(삼일수심) 표지석 : 함양 용추사 소재

1. 우리나라 임금 현황 – 행복의 기준점은 어디일까
2. 조직과의 일심동체 – 이 뗄 수 없는 질긴 인연
3. 권력과 갑질, 그 기묘한 상관관계
4. 시공여사(視公如私) – 네 돈이라도 그렇게 쓸래?
5. 정년퇴임 후 알게 된 삶의 진실
6. 무엇으로 사는가 – 청렴이라는 나침반
7. 흔들려서도 멈춰서도 안 될 청렴의 길
8. 서시(序詩) – 영원한 청년 시인, 청렴을 노래하다

III
현실 속 파노라마

인생 현장에서 만나는
청렴 낙수

1

우리나라 임금 현황
행복의 기준점은 어디일까

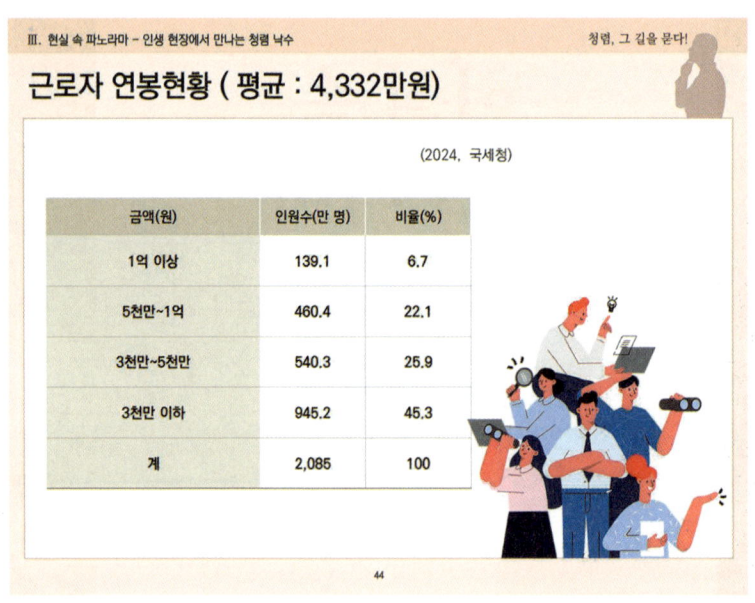

　제1부에서 청렴의 필요성을 설명하는 과정 중에, 지난 2023년 미국 하버드 대학의 '세상에서 가장 긴 행복탐구 보고서'라는 연구 결과에 대해 이미 소개한 바 있다. 이 내용 중 돈은 인

간의 행복을 위해 결코 절대가치는 아니고 다른 여러 가지 인간관계가 좋아야 더욱 행복함을 느끼게 된다는 결론이 있었다.

그렇다고 해서 돈이 필요 없다는 것이 아니라 꼭 필요는 한데 그 사회의 평균 소득을 넘어서는 순간부터 돈에 대한 효용가치가 더 이상 오르지 않는다는 설명 또한 있었다. 그러면 이 행복가치의 기준점이라 할 수 있는 우리 사회의 평균 소득은 과연 얼마나 될까? 바로 앞 페이지 그림에서 찾아볼 수 있다.

국세청이 발표한 2024년 기준 우리나라 근로자의 평균 연봉을 보면 4,332만 원이다. 즉 이 금액을 넘어서는 사람들에게는 더 이상 돈은 행복에의 절대가치가 아니라는 것이다. 물론 개개인의 주어진 상황에 따라 약간의 차이가 없지는 않겠지만, 보편적으로 볼 때 납득할 수 있는 기준으로 보인다. 그러면 여기에서 우리나라 공직자들이 받는 연봉은 얼마나 될까? 기관별이나 유형별로 조금 차이는 있겠지만 거의 절대다수가 이 금액보다 적지는 않은 것 같다. 그렇다면 대한민국의 보편적 공직자의 입장에서 보면 급여로 받는 돈의 가치란 물론 다다익선이면 더 좋기는 하겠지만, 최소한의 행복을 유지하는 데 별 어려움이 없다는 얘기가 된다.

바로 이 점이다. 국가와 지자체 등에서 우리나라 모든 근로자의 평균 이상의 급여를 지급하고 있으니 더 이상 돈에 대한 불필요한 욕심을 내지 말고 깨끗한 공직 생활을 영위하면 된다는 결론이 나온다. 어느 분야의 법이든 대부분의 일반적인 조문 형태를 보면 이러저러한 행위는 해서는 안 된다든지, 아니면 꼭 해야 한다는 식으로 구성되어 있다.

그런데 이렇게 하라, 말라는 이분법이 아닌 반부패 관련법 중에 아주 관심을 이끄는 법 조항이 하나 있다. 부패방지 및 국민권익위원회의 설치와 운영에 관한 법률(약칭 : 부패방지권익위법) 제9조가 그것이다.

제9조(공직자의 생활보장) 국가 및 지방자치단체는 공직자가 공직에 헌신할 수 있도록 공직자의 생활보장을 위하여 노력하여야 하고, 그 보수와 처우의 향상에 필요한 조치를 취하여야 한다.

정말 흥미로운 법조문이 아닐 수 없다. 이렇게 우리 공직자에게는 먹고사는 데 지장이 없도록 아예 법으로 국가 등에 그 책임을 명시해 놓았다. 따라서 공직자들은 먹고사는 데 필요한 돈에 대해서는 더 이상 걱정하지 말고 오로지 공직자로서의 명예와 주어진 책무에만 전념하면 된다는 결론을 내릴 수 있다.

그럼에도 불구하고 개인 사정상 돈이 더 필요해 보다 많은 돈을 벌어야만 한다는 공직자가 있다면, 너무 냉정하다 할 수도 있겠지만 오늘 당장 사직서를 내라고 강한 권유를 하고 싶다. 공직자가 받는 급여는 유리알처럼 지극히 투명한데, 돈이 더 필요하다는 관념에 잡혀 있다면 자칫 사고로 연결될 가능성이 크기 때문이다. 이러한 공직자라면 기업을 직접 운영하든 사업을 하든, 아니면 장사를 하든지 하여 자신의 목표에 부합된 직업을 찾아야 한다. 한 마디로 정상적인 상태에서 돈과 명예 등 두 마리의 토끼를 모두 잡기는 현실적으로 지극히 어렵기 때문이다.

청렴 실천 팁 ➡ 공직자의 최우선 수칙 : 돈보단 명예!

2

조직과의 일심동체
이 뗄 수 없는 질긴 인연

　모든 공직자는 싫든 좋든 혼자만의 단독 활동이 아닌 어떤 조직이라는 공동체 내에서 생활하게 된다. 물론 일반 민간기업도 자영업이 아니라면 그 또한 마찬가지이긴 하다. 따라서 이 조직이라는 공동체가 얼마나 제대로의 역할을 해주느냐에 따라

의미 있는 삶을 유지할 수도 있고 또 그 반대일 수도 있다. 즉 조직의 중요성이 얼마나 큰 것인가를 우리 모두는 자연스럽게 느끼고 있다.

쉬운 얘기로 매일 같이 출근하는 직장에서 그래도 가벼운 인사라도 나눌 수 있는 동료들이 많다면 비교적 원만한 조직생활을 하게 되겠지만, 그렇지 않고 정말 보기 싫은 사람들이 여럿 존재한다면 그만큼 힘들어질 수밖에 없음은 당연하다. 이토록이나 조직의 중요성은 백 번을 강조해도 지나침이 없다. 서문에서도 이러한 조직의 무게감을 이미 밝혔듯이 너무도 현실성 깊은 문제이기에 여기에서 다시 한번 조직의 의미에 대해 짚어보고자 한다.

앞 페이지 그림은 세미나라든지 또는 어떤 교육이나 회의 석상에 가게 되면 목에 걸게끔 만든 흔히 볼 수 있는 네임카드이다. 위 네임카드는 내가 청렴전문강사 자격을 획득하기 위해 국민권익위원회 청렴연수원에서 교육을 받을 때 지급받은 카드인데, 느닷없이 이 카드를 왜 여기에 올려놓았을까? 결론부터 얘기하면 대단히 중요한 조직의 상징성을 갖고 있기 때문이다.

되돌아보면 이 자격을 획득하기 위해 정말 쉽지 않은 과정을 거쳤다. 모두 3단계의 과정이 있었는데, 마치 고등고시처럼 1단계를 통과해야 2단계에 오를 수 있고 또 그 2단계를 통과하면 3단계로 올라간 후 최종적으로 마지막 3단계까지 모두 통과해야 비로소 강사 자격이 주어지게 된다. 내가 교육을 받은 시점은 2018년부터 다음 해인 2019년으로 만 1년이 조금 넘어선 나름 기나긴 과정이었다.

그런데 그때만 해도 이 전문강사 자격 교육과정이 초창기여서인지는 잘 모르겠지만 그 앞에 있던 기존의 흐름과 전혀 일치하는 것이 없었다. 각 단계를 통과하기 위해서는 그전에 있었던 과정을 참조해 나름 집중할 부분과 핵심 포인트를 찾아 그에 따른 맞춤 전략이 절실한데, 그 앞에 있었던 시스템과는 모두 다르게 진행되는 바람에 나를 비롯한 그 당시 교육생들이 무척이나 애를 먹었다. 벌써 오래 전의 모습인데 지금은 어떠한지 잘 모르겠고 또 굳이 알 필요도 없기는 하다.

어쨌든 이러한 3단계의 교육과정은 단계마다 2박 3일이나 3박 4일 과정의 집체교육을 받았다. 1단계와 2단계의 교육 때는 위 나의 네임카드 소속란에 '비공직자'라는 네 글자가 적혀 있었다. 내가 2017년에 정년퇴임을 해서 당시는 아무런 조직에도 소속되어 있지 않았기에 아마 그렇게 표기했을 것이라 쉽게 추측은 된다. 다만 처음 그 네 글자를 보았을 때 무척 생소함을 느꼈다. 그리고 비로소 내가 아무런 조직과도 연계되어 있지 않고 말 그대로 혼자라는 생각을 새삼스럽게 갖게 되는, 한마디로 썩 좋은 기분은 아니었다. 그러나 틀리지는 않은 표현이니 뭐라 할 수 있는 것도 아니고 그냥 그렇게 지나칠 수밖에 없었다.

그런데 2단계를 통과했으니 3단계 교육에 참석하라는 청렴연수원의 통보를 받고 청주에 위치한 연수원에 도착하니 입구에서 여러 교재와 함께 위 네임카드를 나누어주고 있었다. 그렇게 해서 이 카드를 보았는데 소속란에 지난 1, 2단계 때의 비공직자로 표기된 것과는 분명히 다른 표현이 적혀있었다. 비록 맨 앞에 전(前)이라는 한 글자가 더 붙기는 했지만 내가 지난 33년 동안 장구한 세월을 보냈던 꿈에도 잊지 못할 내 직장명이 적혀 있지 않은가!

지금도 그때 그 순간이 너무나 생생하기 이를 데 없다.

가끔 강의 중에 이 부분을 설명하면서 정년이 가까워 보이는 비교적 연배가 있는 분들에게 이때 내가 어떤 반응을 보였을까 하는 조금은 난해한 질문을 해본다. 그러면 여러 답변이 나오게 되는데 대부분이 옛 재직시절의 모습도 떠오르고, 좀 더 잘해볼걸 하는 아쉬움도 있을 것이며, 젊었던 시절의 그리움 등등 뭐 충분히 있을 수 있는 그런 내용들이 주종을 이루고 있다.

그러나 이 모든 답변은 일단 내가 무언가 생각을 하고 난 다음에 나올 수 있는 내용들이다. 한마디로 즉각 나타난 반응은 아니라는 얘기다. 지금 이 글을 읽고 있는 분들도 한번 상상해 보면 좋겠다. 솔직히 얘기하면 나 역시도 내가 보인 즉각적인 반응에 당황과 함께 깜짝 놀라지 않을 수 없었다. 그것은 바로 이 카드를 보는 순간 느닷없이 두 눈에서 왈칵 눈물이 솟구친 것이다. 내 뒤로 여러 사람이 줄을 서 있어 황급히 마치 눈에 먼지라도 들어간 것처럼 주먹으로 두 눈을 훔치며 강의실로 향한 그런 일이 있었다.

나중에 혼자 곰곰이 생각해 보았다. 도대체 왜 그런 반응이 나왔던 것일까? 그렇다. 그것은 조직에 대한 그리움이었다. 더 이상 내가 조직의 어떠한 보호도 받지 못하고 나 홀로 광야에 서서 그 모진 세파에 휩쓸려 왔던 지난 2년간의 체험적 고립감 때문이었다. 아마도 현직에 있는 공직자들은 지금 이 모습에 대해 제대로 이해하기 쉽지 않을 것 같다. 나 역시 그랬다. 현직에 있을 때는 정년 후의 모습이 막연하게 그럴 것이라는 추정만 가능했지, 구체적인 실체감은 전혀 가질 수가 없었다.

그러나 막연한 추정과 현실적 세파는 아예 비교조차도 할 수가 없는 거대한 차이가 있다. "시베리아는 대단히 춥다더라"라는 막연한 이야기를 듣는 것과, 실제 시베리아 한복판에서 팬

티 한 장만 달랑 걸친 채 매서운 한파를 온몸으로 맞이하는 것과는 애초에 비교 자체가 불가능할 수밖에 없다.

'순망치한(脣亡齒寒)'이라는 고사성어가 있다. 입술이 없으면 이가 시리다는 의미이다. 조직이라는 보호망이 없으면 나 역시 무척 추울 수밖에 없는데 그 보호망이 온전히 감싸주고 있는 조건에서는 거센 추위의 진면목을 제대로 느낄 수 없다는 바로 그런 개념이다.

막상 정년퇴임이란 것을 맞이하고 나니 모든 게 쉽지 않았다. 이른 아침 출근하여 저녁 늦게까지 분주함에 떨다가 갑자기 찾아온 무(無)! 잠시 얼마간은 늦잠을 자도 좋고 요란 떨지 않아도 좋으며 누가 뭐라 하는 사람도 없는 등 말 그대로 천국이었다. 개인차에 따라 이 기간이 길든 짧든 어떤 차이가 있을 수는 있겠지만, 나 같은 경우는 1달을 미처 넘기지도 못하고 커다란 한숨부터 나왔다. 아, 이게 아닌데! 단순한 이런 느낌만이 아니다. 곧바로 어떤 현실적인 문제들이 그대로 엄습해 왔다.

공직자 대부분은 매일매일 받는 일급이 아닌 매월 지급되는 월급을 받는다. 이 월급명세서를 제대로 보며 따져보는 사람이 과연 얼마나 될까? 모르면 몰라도 열에 한두 명도 많을 것이다. 당장 나부터도 그랬다. 기껏 본다는 것이, 뗄 것은 다 떼고 나서 이번 달 최종 입금액이 얼마 들어왔는지 정도를 확인하는 것이 고작이었다. 건강보험료가 왜 그렇게 나갔는지 아니면 고용보험료는 또 왜 그렇게 떼는 것인지 굳이 알고 싶지도 않았다. 경리나 회계 부서에서 다 알아서 뗄 것인데 구태여 따져볼 필요성을 전혀 느끼지 못했다.

대부분의 보험료는 본인이 100% 다 내는 것이 아니고 본인은 반만 내며 나머지 50%는 소속 기관에서 내주고 있다는 사실 정도는 모두 아실 것이다. 그러나 퇴임 후는 그 100%를 온전히 나 홀로 내야 했다. 현직에 있을 때는 신경도 안 썼던 건강보험료를 퇴임 후는 말 그대로 생돈 모두를 내가 낸다는 사실이 적지 않은 부담이 되고 있다. 현재도 건강보험료로 지불되는 금액이 매월 40만 원에 가깝다. 현직에 있을 때는 얼마가 나가는지 알지도 못했던 부분이다.

실존적인 한 가지 예를 더 들어보자. 어느 기관이든 마찬가지이겠지만 모든 공직자는 매년 기관이 지정한 곳에서 건강검진을 받고 있다. 내가 있던 연구원도 역시 그랬다.

어느 특정 검진기관 몇 군데와 계약을 맺고 연중 아무 때나 본인이 원하는 날짜에 가서 검사를 받게 된다. 그런데 연말이 다가오면 이 업무의 담당자로부터 공문이나 메일, 전화 등을 통해 연내에 꼭 받으라는 독촉장이 빈번히 떨어지곤 했다. 그 이유는 이미 전 직원에 대한 비용을 다 지불한 상태이기에 안 받는다고 해서 그만큼 되돌려 받는 것도 아니고, 또 실적 관리도 해야 하기에 이유야 어쨌든 연내 안에 꼭 검진을 받으라는 취지이다. 다른 기관은 그 실태가 어떠한지 잘은 모르겠다. 그러나 아마도 거의 비슷하리라 본다. 즉 그렇게나 종용해도 해마다 결국 받지 않는 사람들이 얼마간 나오고 있다. 그런데 그 이유는 딱 하나다. 너무 바쁘고 일이 너무 많아서이다.

어쨌든 정년퇴임을 하고 나니 나이도 이미 환갑이 넘어섰고 무엇보다도 건강에 상당한 신경이 쓰였기에, 다른 것은 몰라도 이 건강검진만큼은 계속 받고 싶었다. 마침, 우리 연구원에서는 각 검진기관과 계약을 맺을 때 퇴직한 직원도 본인이 기관과 약정된 동일한 금액을 부담하면 현직과 똑같은 검진을 받을 수 있도록 조치해 놓았다. 해서 나 역시 퇴임 이후 매년 이 금액을 자비 부담하며 건강검진을 받고 있다.

현직에 있을 때는 본인 입장에서 단 1원도 안 내는 무료검진을 관련 업무담당이 그것도 사정사정하며 받으라던 것을, 조직의 울타리를 벗어난 순간부터는 내 돈을 내야만 받게 된 것이다. 2025년 현재 검진비용이 25만 원인데 금액의 규모를 떠나 매사가 이와 같은 고립된 현실을 맞이해야만 한다.

그래도 이 검진을 받을 때마다 조금 기분이 좋아지는 것은 있다. 한 번은 검진기관에 이번 검진항목을 그냥 개인적으로 받게 되면 비용이 어찌 되는지 물으니 무려 70만 원에 가깝다 한다. 그럼 이미 퇴직한 조직의 이름을 빌려 도대체 얼마나 싸게 받은 것인가!

그리고 무엇보다도 중요한 것은 정기적으로 들어오는 수입원이 연금 말고는 없기 때문에, 현직 시절에는 거의 몰랐던 상당한 경제적 압박감을 받게 된다는 사실이다. 지금 느낌에 현직에 있을 때 10만 원이라는 가치는 퇴임 후 거의 13~14만 원 정도로 인식되는데 다른 사람들은 어떤지 모르겠다. 어쨌든 분명한 것은 현직 때보다는 퇴임 후 돈의 개념이 똑같은 금액에서도 그 가치가 더욱 줄어든 느낌이다. 조직이 왜 필요하고 또 중요한 것인지 제일 먼저 와 닿는 첫 번째 부분이 바로 이러한 경제적인 면이다.

아울러 어떤 차별성 또한 많이 느꼈다. 청렴연수원에서 앞서 얘기한 3단계의 교육을 받을 때이다. 나 같은 이른바 비공직자는 단계별로 20만 원에서 30만 원 정도의 교육비를 매번 지불해야 했다. 반면에 현직에 있는 공직자들은 단 1원도 내지 않는 무료였다. 왜 그랬는지는 나도 모른다. 비공직자는 내야 한다고 하니 그냥 냈을 뿐이다.

그런데 이런 교육비의 차별 이외에도 또 서러운 것이 있었다. 단계별로 며칠씩 집체교육을 받는데 현직 공직자들은 3일이든 4일이든 공식 출장이 가능해 숙박과 식사비를 출장비로 받고 와 실제 본인이 부담하는 비용이 전혀 없지만, 비공직자는 100% 본인이 지불해야 했다. 해서 나는 나름 비용을 줄이기 위해 숙박은 안 하고 매일 서울에서 청주까지 출퇴근했다. 뭐 굳이 돈으로 환산한다면 그리 큰 금액은 아닐지 모르지만 어쨌든 기분으로는 엄청난 차별성을 느끼며 조직의 필요성을 절감케 했던 사례이다.

그럼 이런 경제적인 이유만 있을까? 아니다. 경제적인 이유보다 어쩌면 더욱 사람을 초라하게 만드는 경우도 적지 않다. 그중에 대표적인 것으로 명함을 들 수 있다.

명함이라는 것이 무엇인가? 공사를 떠나 처음 만나게 되면 아주 자연스럽게 상호 인사를 나누며 자신의 현 실체를 상대에게 전하는 메신저의 개념이 바로 명함이다. 정년퇴임 직후에는 처음 만나는 사람들과 인사를 나눌 때 기존 연구원 명함을 주며 퇴직한 지 얼마 되지 않아 새 명함을 준비 못 했다는 자연스러운 인사가 가능했다.

그러나 그러한 모습도 몇 달이 지나고 나니 더 이상 쓸 수 없는 인사말이 되었다. 그렇다고 이름 석 자에 전화번호 하나 달랑 넣고 명함을 만든다는 것도 이상한 것이어서 이때부터는 아예 명함을 준비하지 않았다. 그래서 상대방은 내게 명함을 줄 때 나는 멋쩍은 웃음을 주는 것으로 대신했다. 단, 한마디 설명은 덧붙였다. 퇴직한 몸이어서 명함이 없다고! 글쎄, 너무 허례적인 것이 아니냐고 할 수도 있겠지만 처음에는 무언가 스스로 초라해지는 느낌이 있었던 것은 숨길 수 없는 사실이었다.

이후 청렴전문강사가 되어 명함이 만들어지고 강의 현장에서 관계자들과 스스럼없이 명함을 나누게 되면서 마치 회춘이라도 한 기분이었다고 한다면 너무 과장된 표현일까?

조직에서 싫든 좋든 떠나서 홀로 남게 되면 이러한 상황도 올 수 있다는 것을 보여주기 위해 몇 가지 개인적인 이야기를 하였다. 현직에 계신 분들이 얼마나 가슴에 와닿을지는 모르겠지만, 한마디로 조직의 울타리에서 벗어나는 순간 그동안 느끼지 못했던 거센 파도가 몰려온다는 것만은 너무도 확실하다. 따라서 조직의 중요성을 현직에 있는 모든 공직자는 분명히 인식해야 한다. 이를 보다 체감할 수 있게 아주 극단적인 예를 하나 설명해 보겠다.

흔히 일반인들이 공직자들의 신분을 표현할 때 '철밥통'이라는 용어를 쓴다. 이 말이 너무도 보편적으로 사용되기 때문에 굳이 어떤 의미인지 별다른 설명이 필요하지는 않아 보인다. 과연 철밥통일까? 미국 트럼프 대통령의 2기에 들어와 연방 공무원들이 추풍낙엽으로 해고되는 모습을 볼 수 있었다. 보건 관련 부문에서는 일시에 만 명이라는 엄청난 인원이 해고되었다고 한다. 인구는 점점 줄고 노인복지 등 씀씀이는 커지면서 세원은 갈수록 축소되고 있는 우리나라 입장에서 과연 지금의 철밥통 시대가 영원할 수 있을까?

경영학에서는 기업이 부도가 나는 것을 '자본주의의 꽃'이라고 표현하는 부류도 있다. 즉 기업이 망해 죽어 나가는데 그것이 자본주의 시장경제에는 절대적으로 필요하다는 주장이다. 얼마간의 이론이 있을 수는 있겠지만 원칙적으로 틀림이 없는 얘기다. 흥할 기업은 흥하고 망할 기업은 망해야 시장경제가 원활히 돌아갈 수 있다. 굳이 망해가는 기업을 밑 빠진 독에 물 붓기 식으로 연명시키게 되면 다른 멀쩡한 기업도 따라 망가질 수밖에 없다.

어느 상자 안에 많은 사과가 들어 있다고 하자. 그중에 한 개가 썩기 시작하는데 그것을 빼내지 않고 계속 같이 둘 때 나머지 모든 사과도 함께 썩을 수밖에 없다는 논리와 똑같다.

내가 33년간의 공직 생활과 현재 많은 공공기관을 상대로 청렴강의를 진행하면서 끊이지 않고 느껴지는 것이 한 가지 있다. 해당 기관이나 조직에겐 미안한 얘기지만 도대체 이런 곳이 어떻게 아직도 존속하고 있는가에 대한 의문이다. 생산성이라고는 실로 찾아보기 힘들고 방만한 경영과 무책임한 조직관 속에 말 그대로 국민의 혈세만 축내고 있는 그러한 곳들이 결코 적지 않다.

어느 유사 기관의 한 개 부서에서도 충분히 소화할 수 있는 업무 성격임에도 굳이 별도의 기관으로 운영되고 있는 곳 또한 그렇다. 아직까지 여유가 있어 그런지는 모르겠지만 세계 최강인 미국도 저러한데 과연 우리 혼자 철밥통을 껴안고 태평성대를 마냥 구가할 수 있을까? 바로 이 점이다. 우리 모든 공직자가 정말 정신 바짝 차리고 마음자세를 다잡지 않는다면 굳이 먼 시점까지 안 가더라도 이 같은 현상이 우리 앞에 빈번히 출몰할 수밖에 없다.

그러면 어떻게 해야 할까? 간단하다. 지금부터라도 내가 소속되어 있는 조직을 살려내야만 한다. 그 누가 보더라도 우리 조직은 대한민국의 발전을 위해 꼭 필요한 조직이고 우리 조직이 없으면 국민도 없다는 절대적인 사명감으로 근무해야 한다. 그래서 내 조직이 발전되어야 나의 발전도 있을 수 있다는 공동 책임의식을 가져야 한다.

흔히 하는 얘기로 나의 조직과 나는 한 배를 탄 공동 운명체라는 인식을 갖는 게 무엇보다도 필요하다. 즉 조직이 잘돼야 내가 잘되는 것이고 역으로 말해서 조직이 망하면 나도 망할 수밖에 없다는 개념이다. 내가 잘되어야 내 사랑하는 가족도 웃을 수 있다. 내 가족 모두가 웃어야 내가 지켜야 할 내 가정의 평화도 비로소 이루어지게 된다.

거꾸로 얘기하자면 조직이 망하고 나면 나도 망하게 된다. 내가 망하면 내 사랑하는 가족도 그 망함이란 포위망을 피할 수 없다. 그렇게 나도 내 가족도 망한다면 결국 내 가정도 함께 몰락함은 하늘이 내린 이치이다.

여기에서 앞에 얘기한 극단적인 예 하나를 들어보자.

오늘 저녁 근무를 마치고 평소와 같이 퇴근을 한 뒤 다음 날 아침 출근을 했다. 그런데 현관 입구에 셔터가 내려져 있고 그 앞에 여러 동료 직원이 초조한 채 서성거리는데 때마침 경비 한 명이 나타나 이렇게 얘기한다.

"어젯밤에 우리 기관이 망해 폐쇄하라는 지시가 내려왔으니 모두 귀가하시고 향후 상황은 다시 알려드릴 예정입니다."

어찌해야 할까? 아마도 모두가 소위 멘붕에 빠지게 될 것이다. 실제로 이러한 상황이 벌어진다면 그래도 전 조직원 중 10% 정도는 출중한 능력이 있어 지금의 조직보다 최소한 비숫하거나 오히려 더 좋은 곳으로 갈 수도 있을 것이다. 그러나 나머지 절대다수는 잘해야 유사한 곳을 찾거나 아니면 이보다 더욱 떨어지는 곳으로 갈 수밖에 없고, 최악의 경우 아예 새로운 일터를 찾지 못할 수도 있다. 정년퇴임을 하고 보니 조직이 이렇게까지 중요한 것임을 새삼 느끼지 않을 수 없었다.

그러나 꼭 이런 극단적인 예가 아니더라도 중도에 어떤 불미스러운 일로 강제적으로 조직에서 밀려나게 된다면 어떻게 될까? 물론 조직이 어떤 불가피한 이유로 없어지는 경우도 마찬가지이겠지만!

내가 사는 마을 뒤에 청계산이라는 멋진 산이 있다. 처음 정년퇴임을 하고 아직 강사가 되기 전의 일이다. 주말이면 사람들이 꽤 많은 관계로 일부러 주말을 피해 주중에 무척 자주 오르내렸다. 마땅히 할 일도 없고, 그렇다고 집에만 있자니 또 그렇고 해서 별 비용 안 들고 건강 유지도 할 겸하여 산을 찾는 것은 은퇴자들이 갖는 거의 비슷한 모습이다.

그런데 분명히 평일로 한참 근무할 그런 나이에 있는 비교적 젊은 사람들이 가끔 눈에 띄면서 처음에는 약간 오해를 했다. 저 사람들은 얼마나 팔자가 좋기에 이 근무시간에 산에 왔을까 하는 그런 생각을 했었다. 그러나 그 생각이 오해였음을 시간이 지나며 금방 알 수 있었다. 그랬다. 각자 이유가 있었겠지만, 그들은 집을 나오면서 분명 "나 회사에 다녀올게" 하며 나온 사람들이 거의 확실했다. 먼저 옷차림이 근무복도 아니고 그렇다고 등산복도 아닌 어중간했고, 먼 허공을 힘없이 바라보는 눈동자에서 대충은 상황을 느낄 수 있었다.

과연 그 사람들은 조직이 얼마나 그리웠을까? 명색이 그래도 많은 뭇사람들로부터 정말 축하한다며 많은 꽃다발 속에 명예로운 정년퇴임을 한 나조차도, 2년 만에 보는 나의 직장명에 눈물이 왈칵 쏟아졌는데 그들의 심정은 어떠했겠는가! 왈칵 쏟아진 것이 아니라 거의 폭포를 이루었을 것이다.

이 글을 읽고 있는 공직자나 일반인 여러분, 지금 이 사항은 내가 직접 겪은 뼈저린 체험에서 나온 생생한 경험담이다. 부디 조직의 중요성을 다시금 인식하고 조직의 발전을 위해 절대 나쁜 짓 하지 말고 열과 성을 다해 근무하길 간절히 호소하며 또한 부탁을 드린다.

누구를 위하여? 내가 속한 내 조직을 위하여? 아니다. 바로 나 자신을 위하여! 그리고 사랑하는 내 가족을 위하여!! 그래서 궁극적으로 내가 책임져야 할 내 가정의 평화를 위하여!!!

생각해 볼 거리 ➡ 나에게 있어 조직이란 과연 무엇일까?

3
권력과 갑질, 그 기묘한 상관관계

33년간 국책연구기관에서 공직 생활을 이어오며 권력의 진정한 의미가 무엇인지 참 많은 생각을 했었다. 한마디로 권력의 정의에 대한 의문이었다. 나름 정말 열심히 일했고 근무했던 연구원에서 지금까지도 전무후무한 기록들을 꽤 많이 갖고 있기도 하다.

수치상으로도 워낙 연구원에 커다란 이익을 갖고 오다 보니 감사원의 특별 감사까지 받은 적도 있다. 당시 감사원에서 나온 감사 팀장은 내가 운용한 기관 자금의 운용 결과가 모든 출연 연구기관 중 최고로 높은 수익을 올렸다는 얘기와 함께 구두 경고를 내리겠다고 했다.

아니, 제일 높은 수익을 올렸다면서 표창은 못 줄망정 경고를 주겠다니, 기가 턱 막혔다. 해서 그 이유를 물었다. 그의 대답은 국책연구기관이란 비영리 기관인데 이런 비영리 기관에서 높은 수익률은 바람직하지 않다는 것이었다. 아울러 잘못을 저지른 것은 아니니 서면 경고까지는 안 내리고 구두로만 경고하겠다는 취지였다.

이에 그와 심각하리만큼 거친 논쟁이 벌어졌다. 내가 무슨 불법을 저지른 것도 아니고 온전히 합법적인 테두리 내에서 거둔 결과인데, 그것도 연구원에 엄청난 수익을 갖다준 결과인데 구두 경고를 준다니, 나는 못 받겠다. 정 주겠다면 차라리 공식적인 서면 경고를 준다면 그것은 받겠다. 나 자신이 떳떳하니 그러고도 받는 경고라면 서면으로 받아 아예 우리 집 가보로 남겨두겠다고 했다.

그리고 이 한마디를 덧붙였다. 우리 기관은 100% 국민의 세금으로 운영되는 정부출연 연구기관이다. 따라서 열심히 노력해 많은 수익을 창출했다면 그만큼 국민의 혈세를 덜어주었다는 얘기가 된다. 가만히 앉아 있어도 척척 출연금이 계속 나오니 굳이 나도 애써 일할 필요는 없었다. 그런데 그게 진정한 공직자의 길이라 생각하느냐 물었다.

결국 감사 팀장은 모든 감사를 마치고 철수하면서 이런 얘기를 나에게 남겼다. 이번 감사에서 최고의 수확은 이런 공직자도 있다는 사실을 알게 되었다는 것과 나아가 개인적으로 내게 경의를 표한다고 했다. 아울러 이 사안과 관련해 외부의 업무 관계자들은 만일 일반 민간 기업에서 이 정도의 결과를 갖고 왔다면 최소 2단계, 아니면 3단계까지도 특진감이라는 얘기까지 했다.

어쨌든 이런 기관 외적 상황은 놔두고라도 문제는 연구원 내부에서의 아쉬움이었다. 1부에서 청탁금지법을 설명할 때 그 제정 목적이 공직자의 공정한 직무수행을 보장함에 있다고 했다. 그러나 나의 연구원 초기 시절에 상사의 부당한 지시를 거절하는 실제 예를 들었고, 그런 나의 변함없이 이어지는 가치관은 결국 입사 동기보다 14년이나 진급이 늦어지는 결과를 낳았다는 사실도 밝혔다. 위 감사원 감사 팀장의 얘기나 외부 업무 관련자들의 칭송에도 불구하고 연구원 내부적으로는 이러한 결과만이 주어진 모든 것이었다. 여기에서 나는 권력이란 것을 정말 진지하게 생각해 보았다.

　진정한 권력이란 과연 무엇일까? 그래서 권력이 국어사전에는 어떻게 나오는지 먼저 살펴보았다. 국어사전에는 권력을 '남을 복종시키거나 지배할 수 있는 공인된 권리와 힘'이라 나와 있다. 한마디로 다른 사람, 특히 밑에 있는 사람에게 위압적인 탄압을 줄 수는 있지만 이해한다거나 도움을 주는 등 긍정적인 내용은 눈을 씻고 보아도 전혀 없다. 그래서 나는 33년간의 공직 생활을 마치면서 이러한 권력의 정의를 새로이 내렸다. 즉 나에게 있어 권력이란 나보다 뒤에 있는 사람들 또는 나의 부하들이 어떠한 어려움이 있을 때 필요한 도움을 줄 수 있는 힘, 바로 그 힘을 의미한다. 이것이 진정한 권력의 정의다.

　우리가 권력이라는 단어를 떠올리게 되면 하나의 칼을 휘두르는 모습을 연상시킨다. 권력이라는 칼을 뽑아 마치 저 삼국지에 나오는 조자룡 헌 칼 쓰듯 힘없는 사람들을 대상으로 마구 칼날을 휘날리는 그런 모습이다. 좀 더 실감 나는 예를 들어보자.

　어느 기둥에 누군가 부당하게 내 휘하 사람을 눈을 가리고 밧줄로 꽁꽁 묶어놔 공포와 괴로움에 쩔쩔매고 있는 상황이 있다고 가상해 보자. 이때 내가 권력이라는 칼을 감연히 뽑아 들고 "누가 내 부하를 이렇게 힘들게 해놨어" 하며 다가가 눈가리개를 풀고 단단한 밧줄을 모두 끊어내어 구출한 뒤, 얼마나 고생이 많았냐며 감싸안을 때 우리는 진정한 권력을 행사했다고 말할 수 있을 것이다. 즉 진정한 권력이란 남을 복종시키거나 지배하는 힘이 아니라 거꾸로 어렵고 곤란에 빠진 사람을 구해주는 참된 용기라는 나만의 정의를 내렸다.

칼 얘기가 나오다 보니 검찰청에서 있었던 강의 현장이 기억난다. 통상 법조계에 있는 기관들은 별도로 외부강사를 불러 청렴교육을 받는 경우가 흔치는 않다. 그 이유는 어차피 법 관련 기관들이기에 기관장이 직접 교육을 할 수 있는 시스템이 있기 때문이다. 그럼에도 검찰청에서 몇 차례 강의를 했는데 그 반응이 상당히 좋았다. 아무래도 매일 보는 기관장보다 외부의 전문강사가 더 새롭기는 할 것 같다. 그런데 첫 검찰청 강의를 며칠 앞두고 재미있는 에피소드가 하나 있다.

마침, 친구 한 명이 그날 등산을 가자는 연락을 해왔다. 해서 검찰청에 가야 하기에 그날은 안 된다고 하니 이어지는 친구의 말에 웃음이 터져 나왔다. 뭐 잘못한 것이 있냐는 것이다. 그러고 보니 강의 얘기는 안 하고 검찰청 말만 했으니 그럴 수도 있겠다 싶었다.

어쨌든 나 역시도 어떤 목적에서든 검찰청을 들어가는 것은 태어나 처음이었다. 우리 일반 국민이 보는 시각은 검찰이나 경찰이나 또는 법원까지도 할 수만 있다면 가까이하지 않는 것이 바람직하다. 그도 그럴 것이 법 관련 기관에 드나드는 것 자체가 좋은 일로 가게 되는 경우는 거의 없고 그 반대적인 상황이 주를 이루기 때문이다. 따라서 나 역시 평소에 검찰을 보는 시각은 무언가 딱딱하면 딱딱했지, 부드럽다는 인상은 전혀 갖고 있지 않았다.

그러나 몇 차례 강의를 진행하면서 이러한 나의 시각은 완전히 잘못된 것이었음을 강하게 깨달았다. 오히려 정반대로 대단히 순박했고 고압적인 면면은 전혀 찾아볼 수 없을 정도로 친절하며 부드러웠다. 그것이 어느 한 기관에서만 또는 일부 몇 사람에게서만 그런 것이 아니라 강의했던 모든 검찰 기관과 그 직원들 모두에게 전반적으로 느꼈던 인상이었다.

제일 위의 검사장이나 지청장부터 중간 간부는 물론 일선 수사관에 이르기까지 하나같이 친절하고 이른바 힘 있다는 기관의 모습을 아예 찾을 수가 없었다. 좀 더 구체적인 실례를 들어보겠다.

지방에 있는 어느 지청에서의 강의였다. 강의 전에 미리 인사를 못 나누고 강의가 끝나서야 상호 인사를 나누는 그런 상황이었다. 내가 명함을 지청장에게 주며 인사를 하자 그는 갑자기 당황해하며 명함을 미처 갖고 오지 않았다며 잠깐만 기다려 달라고 하더니, 본인이 직접 그것도 막 뛰어서 사무실로 가 허겁지겁 명함을 갖고 와 건네는 것이 아닌가.

마침, 강의실과 그의 사무실이 같은 층 복도에 20여 미터 떨어져 있어 그 같은 모습을 전부 다 보게 된 것이다. 주변에 여러 휘하 직원도 함께 있었으니, 누군가에게 명함을 갖다 달라 얘기할 수도 있고, 굳이 본인이 갔다 온다면 그냥 천천히 걸어 다녀올 수도 있을 텐데 이러한 모습을 보게 되었다. 기존의 딱딱했던 검찰에의 인식을 갖고 있던 나로서는 가히 놀라지 않을 수 없는 장면이었다.

또 어느 고등검찰청에서의 상황이다. 오전에 강의가 끝나고 그곳을 나와 마침 그 인근에 친구가 살고 있어 불러내어 함께 점심식사를 하는 중이었다. 그때 전화가 걸려 왔다. 좀 전에 수강했던 검사라면서 강의 내용에 질문이 있었는데 시간상 하지 못해 지금 해도 괜찮겠냐는 문의를 한 것이다. 많은 강의를 다녔지만 이렇게 강의 후 질문사항을 전화로 다시 물어본 것은 처음이었다. 솔직히 강사 입장에서는 대단히 기분 좋은 상황이 아닐 수 없다. 그만큼 내 강의에 몰입했다는 증거이기 때문이다.

어쨌든 검찰에서 강의하면 바로 이 칼을 거론한다. 검찰의 검(檢) 자가 칼 검(劍) 자와 발음이 같기에 통상 검찰을 칼로 은유하기도 한다. 즉 지금 우리 사회에 나쁜 사람들이 너무도 많다. 보이스 피싱을 비롯해 각종 흉악 범죄 등이 끊이지 않고 일어나 우리 국민들이 너무도 힘들어하고 있다.

그러니 여러분들이 이를 척결키 위해 단호히 주어진 칼을 그것도 아주 현란하게 휘두르길 바란다. 단 이 칼은 반드시 정의의 칼로 우리 국가를 지키고 국민을 보호하기 위한 칼이어야만 한다는 그런 내용을 강하게 얘기하고 있다.

『명심보감』이라는 책의 이름을 종종 듣게 된다. 앞의 맹상군 이야기에서도 한번 거론했던 바로 그 책 이름이다. 이 명심보감은 조선시대에 어린이를 위한 교양서로 많이 사용되었는데 고려 충렬왕 때의 문신인 추적(秋適)이라는 사람이 만들었다고 전해진다. 다만 이 책을 직접 저술했다기보다는 오랫동안 내려오는 좋은 금언이나 명구를 선정하여 모은 내용이다. 한 마디로 편집된 책이다.

이 명심보감에 위 그림에서처럼 "범사유인정 후래호상견(凡事有人情 後來好相見)"이라는 말이 나온다. 모든 일에 인자한 정을 갖고 다루게 되면 나중에 만났을 때 좋은 얼굴로 서로 만나게 된다는 뜻이다. 대단히 의미심장한 얘기이다. 우리 모두는 어느 조직이라는 울타리 내에서 서로 호흡하며 살아가고 있다. 즉 나 혼자 사는 것이 아니고 주변의 동료들과 함께 공동체의 조건으로 생활을 한다. 아무래도 사람이 사는 사회다 보니 때로는 서로 이견이 있을 수도 있고 심한 경우 사이가 벌어질 수도 있다.

그런데 여기에서 공직 선배의 자격으로 후배 공직자에게 꼭 들려주고 싶은 말이 있다. 어느 동료와 어떤 감성의 차이로 상호 사이가 좋지 않다고 해도, 그중 한쪽이 퇴직이나 전근 등의 일이 생기게 되면 꼭 그 감정을 풀고 가능한 좋은 기분으로 헤어지라는 것이다.

그 이유는 우리가 살다 보면 다시 또 만나게 되는 것이 인생이기 때문이다. 서로 악감정을 갖고 헤어졌는데 나중에 다시 만나 같이 일을 하게 된다면 서로 얼마나 불편하겠는가. 게다가 예전에 자기보다 밑에 있는 부하로 적지 않은 횡포도 벌인 적이 있는데, 만약 그 사람이 오랜 시간 뒤 거꾸로 상사가 되어 다시 만나게 된다면 낭패도 그런 낭패가 없을 것이다. 따라서 평소에도 인정을 갖고 사람들을 대하고, 만일 헤어지게 된다면 보다 좋은 감정으로 이별하라는 것이다. 설마 저 사람을 또 만나게 될까 하는 생각은 금물이다.

흔히 프랑스로 해외여행 중 에펠탑 밑에서 10여 년 만에 학교 동창을 우연히 만났다는 얘기 등을 심심치 않게 들을 수 있다. 우리는 '회자정리(會者定離)'라는 말을 많이 사용한다. 대부분 알겠지만, 사람이란 만나면 헤어지기 마련이라는 뜻이다. 그런데 이 말에는 바로 이어지는 말, 즉 대구(對句)가 있는데, 이 말을 아는 사람들은 그리 많지 않아 보인다.

『법화경』에 나오는 말로 '거자필반(去者必返)'이 그것이다. 이 말은 헤어지고 나면 반드시 또 만나게 된다는 뜻이다. 즉 사람은 만나면 헤어지고 또 헤어지면 다시 만나게 되는 것이니 다시는 안 볼 것 같은 행동은 절대적으로 피해야만 하겠다.

다시 국어사전에 있는 권력의 정의를 살펴보자. 앞서 보았듯이 국어사전에서는 권력을 남을 복종시키거나 지배할 수 있는 공인된 권리와 힘이라 풀이하고 있다. 이 해석을 보는 순간 솔직히 꽤 놀랐다. 그 이유는 이 권력을 표현한 내용이 어쩌면 그렇게 요즈음 이슈화되고 있는 갑질의 개념과 똑같은지 기가 다 막힐 정도였다. 한마디로 '권력'이라 써놓고 '갑질'이라 읽는다는 표현이 더 어울릴 지경이다.

이 갑질의 폐해가 얼마나 크면 공식적인 용어가 아님에도 반부패 범주의 한 꼭지로 자리 잡아 매년 교육을 강화하라는 청렴연수원의 지침이 지속해 나오고 있다. 따라서 청탁금지법이나 공직자 행동강령 등과 거의 같은 반열에 올라 있는 이 갑질에 대해 알아보고자 한다.

1부에서 이른바 K-한류에 대해 거론했었다. 이 K-한류에는 그 대표적인 것이 K-Pop이었으나 이후 K-Food나 K-Beauty, K-방산 등 여러 분야에서 그 이름을 떨치고 있는데, 여기에 추가로 끼게 된 것에 우리나라 한글이 있다. 대표적으로 치맥, 대박, 꼰대 같은 어쩌면 우리나라 사람도 그 뜻을 모를 수조차 있는 신조어가 세계로 뻗어 나가고 있다. 이름하여 K-한글이다. 지금 이러한 단어는 옥스퍼드 사전에까지 등재되어 있을 정도이다.

여기에 갑질 또한 그렇다. 그것도 어떤 영어로 된 단어가 아니고 우리말을 그대로 스펠링화하여 'Gapjil'이라 올라 있고, 그 풀이로 다른 사람보다 힘 있는 지위를 가진 자의 오만하고 권위적인 태도나 행위라며 설명하고 있다. 솔직히 외국인들에게 마냥 감추고 싶은 우리의 깊은 치부이다.

인문학도 강의하고 있는 내 입장에서 왜 이런 행위가 계속되고 있는 것인지 한번 생각해 봤다. 이유가 있었다. 조선시대를 보면 이른바 극심한 계층적 사회(deep hierarchical society)가 존재했었다. 즉 엄격한 반상제도를 일컬음이다. 양반과 상민, 그리고 그 밑으로 이어지는 천민에 이르기까지 타고난 신분의 차이는 오랜 세월을 두고 대를 이어가며 지속되어 왔다.

또 다른 예를 역시 조선시대에 있었던 면신례(免新禮)라는 기막힌 악습에서도 찾아볼 수 있다. 조선시대에 일단 관리가 되고 나면 이 면신례라고 하는 호된 신참에의 신고식을 거쳐야 했다. 그것이 어느 정도 서로 처음으로 만나 친숙함을 도모하기 위해 약간의 짓궂은 모습을 보인 것이라 한다면 그런대로 이해하고 넘길 수도 있겠지만, 그 정도가 왕조실록에 거론될 만큼 상상 이상의 폐해를 갖고 왔으니, 갑질도 이런 갑질은 없을 것 같다.

이 면신을 위해서는 반드시 여러 차례 큰 잔치를 열었는데, 그 자리에는 광대와 기녀까지 등장할 정도로 비용이 막대했다. 뿐만 아니라 아예 금품 상납까지 공공연히 요구하기도 했다. 따라서 부유하지 못한 신참 관리는 이 비용을 충당키 위해 부자 장사치의 데릴사위로 들어가기도 하고 아예 관직을 스스로 포기하고 낙향까지 해야 할 정도였다고 한다. 이렇게 큰 비용만 들어가는 것만이 아니라 얼굴에 분칠을 하고 다 떨어진 옷을 입고 다니게 하는 등 인격적인 모독도 뒤따랐다. 오죽하면 아홉 번이나 장원급제하여 구도장원공(九度壯元公)이라 알려진 이이나 또 다산 같은 성현도 이 면신례의 고통을 벗어나지 못

했다고 하니 더 말할 게 없다.

여기에서 조선왕조실록에 올라 있는 면신례의 내용을 한번 살펴보자. 중종 36년 12월 10일 사헌부에서 올린 상소문의 일부이다. "신참의 몸에 진흙을 바르고 잔치를 차리도록 독촉하여 먹고 마시기를 거리낌 없이 합니다. 갖가지 트집을 잡아 신참을 욕보이는 등 그 폐해가 이루 말할 수 없고 이러한 풍습이 미관말직까지 퍼져있습니다.'

참으로 기가 막힌다. 갑질의 횡포가 그야말로 하늘을 찌르고 있다. 이에 중종은 면신례의 악습을 없애려 하였으나 조선 후기까지 그 폐단은 여전했다. 뿌리 깊은 갑과 을의 관계였다. 그런 타고난 개념 때문인지 조선왕조의 멸망 후 100년이 훌쩍 넘은 지금에 이르러서도 소위 갑질이라는 변형된 이름으로 계속되고 있다는 것이 바로 나의 관점이다. 꼭 타파되어야 할 잘못된 문화유산이다. 보다 분명한 것은 현시대는 사람 위에 사람 없고 사람 밑에 사람 없다는 인류 평등의 시대이다.

오늘의 미국이 세계 최강의 위치를 견고히 지키고 있는 가장 큰 원동력은 바로 저 유명한 독립선언문과 게티즈버그 연설문에서 나타난 공통적인 내용 때문이다. 즉 모든 사람은 평등하게 태어났다는 가장 보편적이면서도 가장 뛰어난 숭고한 인류관이 있어 가능했다.

　1861년에 발발해 1865년까지 지속되었던 미국의 남북전쟁은 3백만 명의 흑인노예 해방을 위해 무려 65만 명이 전사한 엄청난 전쟁이었다. 그 배경은 흑인도 백인과 똑같이 소중하다는 인류애의 정신이다. 물론 아직 미국도 여기에서 완전히 자유로운 모습은 아니지만 반만년의 유구한 문화 민족이었던 우리라고 한다면 이제 더 이상은 비인간적인 갑질 행위에서 완전히 벗어나야만 하겠다.

　그러면 이 갑질이라는 것만 문제가 되는 것일까? 이 갑질만 벗어난다면 모든 것이 해결되는 것일까? 나는 그렇게 생각하지 않는다. 그렇다면 무엇일까? 바로 갑질은 물론 소위 을질도 있어서는 안 된다는 점이다.

　요즈음 들어와 윗사람 노릇하기도 보통 힘든 것이 아니라는 얘기를 심심치 않게 듣고 있다. 상사의 부당한 지시를 받아들이지 말라고 했지 나름 정당한 지시를 했음에도 배척하라는 얘기는 나 또한 전혀 한 적이 없다. 그러나 안타깝게도 부당한 지시가 아니고 어떤 어쩔 수 없는 업무 관련 지시를 했음에도 못 하겠다며 되돌아오는 대답이 "제가요, 왜요?"라며 안타까움을 호소하는 상사들의 고충을 많이 듣고 있다.

　최근 어느 기관에서 강의할 때 이 이야기를 한 뒤, 강의를 마치고 해당 기관장과 잠시 차담을 나누게 되었다. 이 자리에서 그 기관장은 "제가요, 왜요?"라는 제1탄에 이어 지금은 제2탄까지 나왔다고 한다. 그게 무엇이냐 물으니 "또요?"라며 쓴웃음을 지었다. 바로 을질이다.

갑질의 폐해를 주장하면서 을질을 강변한다는 것은 그 사람이 상사가 되었을 때 새로운 을에게 그전 상사보다 훨씬 혹독한 갑질을 할 수 있다는 독특한 생태적 연결고리이다.

바로 앞 부문에서 조직의 발전을 위해 최선을 다해 근무하라는 말을 감연히 했었다. 조직이 발전해야 나도 발전할 수 있다는 강한 논리와 함께.

그럼, 이 조직이 발전하기 위해서는 어떤 특정 부류만 잘하면 될까? 단연코 아니다. 맨 위의 기관장부터 맨 밑의 어제 갓 입사한 신입직원에 이르기까지 말 그대로 전 직원이 혼연일체가 될 때 진정한 조직의 발전을 도모할 수 있다.

따라서 우리 모두의 발전을 원하고 더불어 우리 조직이 잘되길 기대한다면 더 이상의 갑질도 또 어떠한 형태의 을질도 결코 용납되어서는 안 된다는 사실을 모두 뼈저리게 직시하여야만 하겠다.

한줄요약 ➡ 진정한 권력의 힘은 평등한 인간관계에서 시작!

4

시공여사(視公如私)
– 네 돈이라도 그렇게 쓸래?

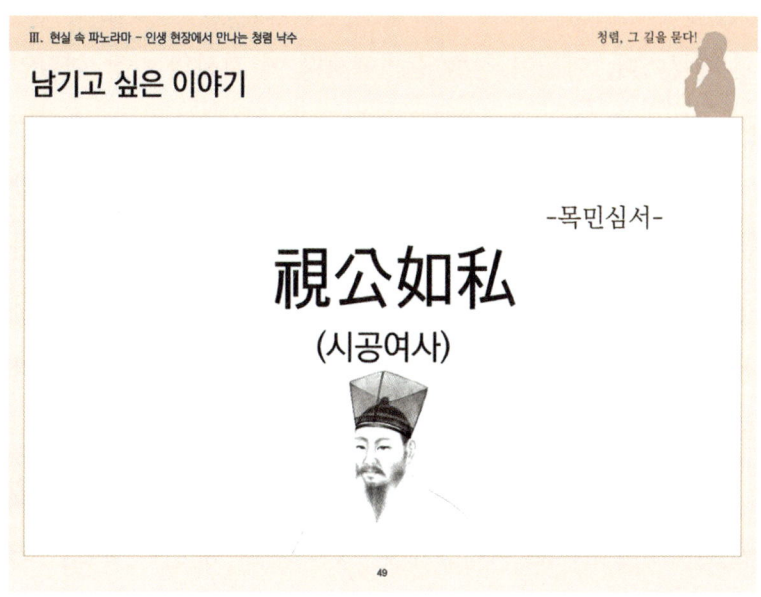

　제2부의 인문학적 소양 편에서도 다산의 공직 출사표 등의 이야기로 선생에 대해 설명한 바가 있다. 이제 공직자 및 일반 독자 여러분에게 남기고 싶은 두 번째 이야기를 펼치면서 다시 다산의 말씀을 살펴보려 한다.

다산은 그의 저서 목민심서에서 위 그림에 나타난 대로 '시공여사(視公如私)'라는 말을 적시했다. 이 말의 뜻은 요즈음 우리들도 많이 사용하고 있는 것으로 공적인 일도 사적, 즉 내 일처럼 다루라는 공직자들에게는 보편화되어 있는 그런 의미이다.

그러면 이런 일반적인 상식선의 이야기를 왜 이렇게 특별히 중요한 한 꼭지로 분류해 설명하려는 것일까? 그만큼 중요하기 때문이다. 더불어 청렴 강의에서나 이 저서의 가장 핵심인 key point가 되기 때문이다.

시공여사라는 말은 다산이 처음 사용한 것은 아니다. 이 말은 사마천의 사기(史記)에서 먼저 나오는 표현이다. 사기의 완성 연도가 BC 97년이기에 지금부터 무려 2,300년 이전에 사용되었던 내용이다. 이를 다산이 목민심서에서 다시 인용했다고 보면 되겠다.

공직자들의 입장에서 이 말은 거의 바이블이라 할 수 있을 만큼 너무도 중요한 의미를 담고 있다. 최영 장군의 "황금을 보기를 돌같이 하라"는 개념과 그 축을 같이할 수도 있지 않을까? 어쨌든 공적인 업무를 마치 내 일처럼 보라는 시공여사의 개념은 백 번을 강조해도 지나침이 없다. 계획경제를 주창하는 사회주의 시각에서는 도저히 받아들일 수 없는 표현이기도 하다.

그런데 여기에서 나는 이 말의 해석을 달리하고 싶다. 이는 모든 공직자는 물론 일반인에게도 너무도 중요한 의미를 지니고 있어 절대 잊어버리지 말고 가슴속에 꼭꼭 담아두라는 취지에서 좀 더 묵직한 해석으로 대신 하겠다. 표현이 너무 거칠다 하더라도 양해해 주시길 바란다. 나는 이 해석을 "네 돈이라도 그렇게 쓸래?"로 표현하겠다.

공직자들에게는 하나의 운명적인 것 같은 요소가 따라다닌다. 즉 아침에 출근해서 저녁에 퇴근할 때까지 기 편성된 예산을 집행해야 한다는 것이다. 그런데 이 모든 주어진 예산이 하나같이 우리 국민의 혈세로 이루어져 있다는 점이다. 따라서 단 한 푼도 소홀히 사용해선 안 되고 마치 내 돈을 쓰듯 최대한 아껴 써야 한다는 대원칙이 있다.

내 돈도 아니고 어차피 주어진 예산이니 그냥 다 소진하자는 어리석은 논리에서 이제는 단호히 벗어나자. 이 논리는 차라리 범죄다. 부정행위를 하여 공금을 축내고 빼돌리는 것만이 부정이 아니고 차라리 이것이 더욱 큰 부정이라는 점을 직시하자. 바로 이 길이 진정한 공직자가 가야 할 길이다.

나를 포함해 우리나라 모든 공직지가 모두 책상 위에 종아리 걷고 올라 국민에게 회초리를 들려주며 저희가 잘못했으니 매우 혼내주십시오 하며 용서를 빌 일이 있다. 일반 국민조차 모두 다 알고 있는 기막힌 얘기 때문이다. 즉 대표적 상징성을 지닌 내용으로 멀쩡한 보도블록을 파헤치는 것을 들 수 있다. 공직자들은 다 알고 있다. 그렇게 예산을 소진해야 또 새로운 예산을 받을 수 있으니까.

그런데 이것을 바라보는 국민의 입장에선 과연 어떨까? 한마디로 '쟤네들 미친 것 아냐?' 하는 생각일 것이다. 우리가 피땀 흘려 벌어 세금을 내었더니 고작 저런 식으로 쓰고 있어, 참으로 한심하네! 정말 답답하다. 예산의 원칙이 어떻고, 그 예산을 다루는데 관행이 또 어떻고, 인력과 시간이 부족해 어쩔 수 없고 등등 애써 변명하지 말자. 시공여사다.

국민 입장에서 "네 돈이라도 그렇게 쓸래?"라고 관련 공직자에게 묻는다면 과연 뭐라고 답변할 것인가. 아마 겉으로는 이런저런 방어를 하겠지만, 속으로는 내 돈이라면 그렇게는 쓰지 않을 것이라 생각할 것이다. 지금부터라도 고쳐 나가자. 이제 더 이상 우매하지 말자.

솔직히 부정행위를 해서는 안 된다는 협의의 청렴은 생각할 것도 없다. 그 행위를 한 자가 그만큼 책임을 져야 하니까. 이제는 광의의 청렴정신이 필요하다. 지금은 우리나라 경제가 한 치 앞도 안 보이는 경제 비상시국이다. 여기서 주저앉으면 모든 것이 끝난다.

우리 공직자들은 오직 국민만을 위해 존재한다는 절대적 사명감을 결코 잊어선 안 된다. 다산은 『목민심서』에서 "모든 목민관은 법치(法治)보다는 예치(禮治)로 백성을 대해야 한다"라고 주장했다. 여기에서 법치는 협의의 청렴이고 예치는 바로 광의의 청렴이라는 것으로 최종 결론을 맺고자 한다.

이왕 얘기가 나왔으니 한 가지만 더 공직자들에게 요구하고 싶은 것이 있다. 자기 자신을 가장 정확히 알 수 있는 사람은 자기 본인이다. 따라서 경영적인 측면에서 본인 스스로에게 다음과 같은 질문을 수시로 던져보자. 즉 "만약에 내가 나라면 과연 돈을 주고 나에게 일을 맡길 것인가?"라는 질문이다. 말이 조금 까다로워 좀 더 쉽게 풀어 설명하겠다.

만약에 내가 현재 내가 소속된 기관의 기관장이라고 한다면 지금의 나 본인에게 현재 받고 있는 급여를 주면서, 또 현재 내가 담당하고 있는 업무를 그대로 맡길 것이냐 하는 것이다. 스스로 판단해 볼 때 나는 정말로 밥값 이상으로 충실히 일하고 있다면 바람직한 공직자상이 될 것이고, 솔직히 스스로를 잘 알지만 무사안일하고 복지부동하며 물에 물 탄 듯 술에 술 탄 듯 좋은 게 좋은 것이라며 대충 일하고 있다면 지금이라도 과감히 변신해 멋진 공직자로 거듭나기를 강력히 촉구한다.

이 두 가지 꼭 기억하자. 네 돈이라도 그렇게 쓸래? 만약에 내가 나라면 나에게 돈을 주고 일을 맡길 것인가?

한줄요약 ➡ 모든 공직자의 예산은 바로 국민의 혈세이다!

5
정년퇴임 후 알게 된 삶의 진실

대부분의 사람이 마찬가지겠지만 나 역시 지나온 삶의 과정을 되돌아보면 참 열심히 살아왔다는 생가이 든다. 지금과 같은 사회적 지원이나 경제적 안정감이 하나 같이 부족했던 시절을 살다 보니 그렇게 열심히 하지 않으면 근본적인 존립을 할

수 없었던 환경이기에 비단 나뿐만 아니라 동시대를 같이했던 그 누구도 이 범주에서 벗어날 수는 없었다.

이제 현직에 있는 모든 공직자보다 한 발 앞서 공직생활을 마치고 정년퇴임이라는 은퇴를 한 선배 공직자의 입장에서, 나의 경험을 통해 무엇이라도 도움이 될 만한 이야기를 우리 후배 공직자들에게 해주고 싶은 마음 실로 간절하다.

그중 하나로 아무리 어려운 환경에 처하더라도 이에 굴복이나 적당히 타협하려 하지 말고 그 위기를 기회로 반전시킬 수 있는 보다 적극적인 마인드를 키우라는 주문을 하고 싶다.

이와 관련하여 내가 직접 겪었던 한 가지 사례를 들려주려 하는데, 마침 이 이야기는 내가 살고 있는 지역 문화원에서 글을 하나 써달라는 요청을 받아, 지난 2024년 마을문고에 실렸던 글로 여기에 전재를 하니 한번 참고하시길 바란다.

과천이 준 제2인생 증표

과천 문화원으로부터 '내 기억 속의 과천 이야기'에 대한 글을 써달라는 권고를 받았다. 이미 35년을 넘게 과천에서 살고 있으니, 기억을 되살려본다면 과연 얼마나 많은 글을 써 내려갈 수 있을까?

한마디로 책 한 권으로도 충분히 만들어 낼 수 있을 만큼 편린의 추억은 헤아릴 수 없을 정도로 크고 또 많을 것 같다.

그리고 내용 중의 절대다수는 아름다운 자연의 모습, 그리 크지 않고 따라서 조용한 소도시의 고즈넉한 환경 조건, 그리고 그 속에서 이루어지는 정겨운 사람 사는 이야기 등일 것이다.

그러나 이번 기회에는 그렇게 흔한 주제는 일단 지양하고, 다른 사람들은 거의 경험하기 어려울 나만이 겪었을 흔치 않은 주제로 이 글을 지어내고 싶다. 아울러 뭇사람들께 주어진 어려운 조건을 제대로 역이용할 수만 있다면 그것이 갖다 줄 전혀 예기치 못한 귀한 결과를 받을 수도 있으니, 언제든 최선을 다할 필요가 있다는 삶의 진솔한 경험담 또한 들려주고 싶다.

나는 무려 33년이라는 장구한 세월을 국책연구기관인 한국건설기술연구원이란 곳에서 근무하다 지난 2017년 정년퇴임을 했다. 이 연구원은 일산에 있는 킨텍스 바로 맞은편에 위치해 있는데 인천에서 출범 후 수차례 떠돌다 지난 1998년 현재의 장소에 자체 청사를 마련하면서 지금에까지 이르고 있다. 그렇다 보니 연구원이 일산에 정착한 뒤 정년퇴임까지의 총 기간은 정확히 20년이 된다.

연구원이 일산으로 가기 직전의 위치는 서초구 우면동에 있는 교총회관이었다. 내가 과천에서 살게 된 연유도 바로 직장 옆에 가깝게 살기 위함이었는데, 다시 일산으로 영구 이전을 하게 되니 과연 일산으로 나 역시 또 이사를 해야 하는가 하는 문제에 직면했다. 워낙 거리가 있기 때문에 출퇴근 자체는 대단히 어려운 현실이었고, 따라서 당시 연구원을 중심으로 강남과 과천 쪽에 주로 몰려 살던 대다수의 직원 90% 이상이 모두 일산 부근으로 이사를 할 수밖에 없었다.

그동안의 내 인생에서 무척 아쉽게 느끼는 것 중의 하나는 초등학교와 중학교의 친구가 거의 없다는 점이다. 당시 선친께서 초등학교와 중학교 모두 졸업하자마자 직장을 옮기시는 바람에 친구들과의 교류가 그대로 단절되었던 까닭이다. 요즈음같이 핸드폰이라는 존재가 아예 없어 시공간적 연결이 불가능했고, 또 아직은 어린 시절이었기에 인위적으로 끊어진 먼 거리를 이어 나가기는 현실적으로 매우 어려웠다.

그런데 세 아이를 둔 내 입장에서 우리 아이들이 딱 이 상황에 노출케 되었다. 그때 일산으로 이사를 했다면 우리 아이들도 초등학교와 중학교 친구는 거의 잊고 지냈을 것임은 분명하다. 해서 그때의 내 결정은 '나 혼자 고생하자'였다. 그러면 아이들 모두 내가 겪었던 인생의 아쉬움을 겪지 않아도 될 것이고, 실제 현재 장성한 세 자녀 모두 과천에서의 많은 동창과 함께 즐거운 추억을 이어 나가고 있다.

자, 그럼 나 혼자만의 고생은 어땠을까? 자동차를 끌기도 만만치 않은 거리여서 출퇴근을 전철로 택하였는데 그 편도 시간이 총 2시간, 왕복 4시간을 20년 꼬박 계속하였다. 지인들은 내게 돌았거나 의지의 한국인이거나 둘 중의 하나라고 했다.

어쨌든, 이렇게 이루어진 초창기 출퇴근의 모습은 신문을 들척거리거나 억지로 잠을 청하거나 둘 중 하나였다. 그러나 이것도 하루 이틀이지 반복되는 매일이 마냥 지루했다. 해서 대안으로 찾은 것이 '책 읽기'였다.

그동안 직장생활 한다는 핑계로 손에서 책을 놓은 지 꽤 오래되었다. 그러나 이렇게 해서 최소 하루 2시간 이상은 전철 속에서 책을 보게 되었고 이것이 근 20년 계속되자 나도 모르는 사이 엄청난 지식이 쌓이면서 급기야 인문학을 강의해야겠다는 구상을 하게 되고, 실제로 정년 이후 지금까지 역사 부문 인문학을 강의하며 젊은 세대에게 부족한 역사관과 국가관을 함양시키고 있다. 그러나 인문학만으로는 무언가 부족함을 느껴 지난 2019년 국민권익위원회에서 주관하는 청렴전문강사 직에 응시하여 적지 않은 어려움 끝에 자격을 획득하면서, 지금은 인문학 강사 겸 청렴전문강사로 활동하고 있다. 청렴강의는 대한민국 모든 공직자와 공공기관 임직원, 학교 교직원, 군, 언론인들이 의무적으로 매년 교육을 받는데 인문학과 청렴 관련법을 융합시킨 내 교육방법이 크게 각광받으면서 현재 국무조정실을 비롯한 많은 중앙부처와 지자체, 군, 교육단체 등에서 활발한 강의를 펼치고 있다. 특히 우리 과천에서는 과천시를 비롯해 국립과천과학관, 과천도시공사, 과천소방서, 도립 과천도서관, 과천시 의회 등에서 이미 수차례 강의했다.

그리고 또 과천시에서는 행정분과 자문위원으로도 활동하고 있는데, 만일 청렴강사 자격증이 없었다면 거의 선정되기 어려운 자리임을 잘 알고 있다. 따라서 과천이 내게 준 지역 특성 이야기는 지금까지의 위 내용을 빼놓을 수 없다. 다른 사람들이 결코 경험하기 어려운 과천 속 이야기임은 분명하다.

다시 정리해 본다면 어렵기만 한 하루 4시간, 20년간의 출퇴근 시간을 정말 유용하게 활용하였고 이게 인문학을 강의하는 교두보가 되었으며 이어 청렴강사와 과천시 자문위원으로까지 연결되어 오늘 과천 속 이야기로 재탄생할 수 있었다. 한마디로 과천이 내게 준 제2인생의 증표라 아니 할 수 없다.

따라서 모든 분께 현재 주어진 상황이 어렵다고만 굳이 받아들이지 말고 현명하게 활용하여 어떤 도약에의 발판으로 삼아보라

적극 권하고 싶다. 아울러 이 과천을 진정한 내 고향으로 받아들이고, 아름다운 과천의 발전을 위해 모두 아낌없는 동참을 이 기회를 빌려 강력히 권고드리고 싶다.

2024년 과천의 한 아파트에서,

박종성

전국에 걸쳐 많은 강의를 다니다 보니 여러 가지 적지 않은 에피소드가 생기기 마련이다. 그중에는 조금은 좋지 못한 인상을 갖게 하는 상황이 없는 것도 아니지만 대부분은 따뜻하고 또 무척 보람을 느끼게 하는 경우가 훨씬 많다. 사실 전문적으로 강의라는 것을 한 번도 해본 경험 없이 시작한 것이 인문학 강의였고, 또 청렴강의였다.

처음 인문학 강의를 하고 듣게 된 얘기는 그동안 강의를 많이 해왔느냐는 질문이었다. 해서 이제 막 첫발을 뗀 상황이라고 하니 거의 믿기지 않는 눈치였다. 그래서 혼자 곰곰이 생각해 보니 어쩌면 이 강사로서의 조건을 조금은 타고난 것은 아닌가 하는 생각이 들었다. 그것을 뒷받침 해줄 만한 사례가 하나 있기는 하다.

나는 ROTC 출신이다. 대학을 졸업하고 소위로 임관하자마자 가는 곳이 각종 병과학교이다. 보병으로 병과를 받았기에 보병학교로 들어가 16주간의 교육을 받은 뒤 자대로 배치를 받았다. 이 보병학교에서의 추억이 한 가지 있다.

　많은 병과 중 제일 압도적으로 많은 인원이 할당되는 병과가 바로 보병이다. 16주간의 교육이 얼추 끝나갈 무렵 소속 중대장으로부터 호출 지시가 떨어져 찾아갔다. 중대장이 훈련 중인 교육생을 별도로 부를 일은 거의 없기 때문에, 무슨 잘못을 저지른 것이 있나 싶어 조금은 긴장감을 갖고 갈 수밖에 없었다.

　그러나 뜻밖에도 중대장은 곧 교육이 모두 끝나고 자대로 가게 되는데 교관요원으로 남을 의향이 있느냐는 질문을 했다. 자대배치는 교육생 개개인의 의견을 듣고 참조하는 것이 아닌 위로부터 일방적인 발표에 따라 이루어지는 것이기에 곧바로 어떤 특별한 사유가 있는 것인지 물어보았다. 이에 중대장은 깜짝 놀랄 답변을 주었다. 그 많은 보병학교 교육생 중 내가 교수법에서 1등을 했다는 얘기다. 16주간의 교육을 모두 마치고 자대로 배치되면 모두 소대장 요원이 되어 소대원에게 각종 교육을 시키기 때문에 교수법이라는 교육과목이 있었다. 이론과 함께 실기도 병행했는데 여기에서 내가 1등을 했으니 아예 병과학교의 교관요원으로 남으라는 얘기였다.

순간 기분은 좋았지만, 그때는 이 보직에 전혀 생각도 관심도 가져본 적이 없었다. 이왕 해야 할 군 생활이라면 최전방에서 하고 싶은 생각이 강했었다. 해서 선택이 가능하다면 최전방으로 가고 싶다고 했고 그래서인지 중부전선의 한 철책선 부대에서 군 복무를 마쳤던 그런 추억이다.

따라서 실제 강사로서의 경험은 없었지만 이를 위한 타고난 재주는 조금 있었던 것 같다. 그것이 이제는 정년퇴임까지 하고 제2의 인생을 살아가는 입장에서 내가 제일 잘할 수 있는 것을 전문적으로 하며 활동할 수 있게 되었으니 얼마나 감사한지 모르겠다. 그것도 내 개인 영달을 위함이 아니고 우리 공직사회를 정말 깨끗하게 만들어보자는 원대한 꿈을 갖고 신명을 바쳐보자는 출사표까지 던졌으니, 이 이상의 멋진 인생을 어디에서 다시 찾을 수 있겠는가! 이런 마음 자세로 강의를 다니면서 적지 않은 보람도 많이 느끼게 되는데, 그중 몇 가지 사례를 들어보려 한다.

먼저 어느 정부출연 연구기관에서의 강의였다. 강의가 끝난 후 교육담당이 차 한 잔을 마시자 하여 같이 차담을 나누는데 아주 뜻밖의 얘기를 한다. 나 역시 국책연구기관이라고도 불리는 정부출연 연구기관(약칭 '정출연'이라고 부르기도 한다) 출신으로 이 같은 기관에서 강의를 하게 되면 일단 마음가짐이 푸근해지는 뭐 그런 느낌이 있다.

그 담당은 40대 초반쯤으로 보였는데 오늘 강의가 대단히 좋았다며 정출연 후배로서 너무도 자랑스럽다는 덕담을 했다. 이어 자기도 언젠가 정년이 오겠지만 무엇을 해야 할지 잘 몰랐는데 오늘 나의 모습을 통해 확실한 미래의 롤 모델을 보았다며 무척이나 기뻐했다.

비록 하나의 덕담을 준 것인지는 모르겠지만 나 역시 참 뿌듯했다. 그 정출연 후배 역시 미래에 본인이 꼭 하고 싶은 일을 하게 되길 진심으로 기원한다. 개인적으로 정말 따스함이 느껴지는 경우는 나를 강사라 부르지 않고 인생의 선배든 같은 공직자로서의 선배든 그냥 선배님이라 칭할 때이다. 강사라 부르면 다분히 공식적인 분위기이지만 선배라 칭하면 친숙한 사적인 공감대를 형성하는 것 같아 마음이 참 포근해지는 것은 정녕 어쩔 수 없다.

또 다른 어느 연구기관에서의 상황이다. 강의를 마치자마자 직원들과 함께 강의를 들었던 기관장이 나에게 다가오더니 갑자기 와락 끌어안는다. 조금은 당황하여 얼떨떨한 채 서 있으니 곧바로 의미심장한 말을 꺼낸다. "선배님, 오늘 내가 10년 묵은 체증이 싹 내려가는 기분입니다"라는 조금은 엉뚱한 얘기였다.

이에 무슨 말씀이냐고 되물으니 아까 강의에서 직원들에게 제발 주어진 예산 아껴 쓰고 이 조직의 발전을 위해 열과 성을 다하여 근무하라는 얘기를 한 것이 너무도 고맙다고 했다. 평소에 자기도 직원들에게 이러한 이야기를 꼭 해주고 싶었는데 요즈음 젊은 사람들은 그렇게 얘기하면 꼰대라고 되받아치니 하고 싶어도 못 했다고 했다. 얼핏 웃고 말 상황이었지만 선배님이라 부르며 정말 솔직한 말씀을 주셨던 그분의 기억이 지금도 새롭고 오히려 내가 무척 고맙다.

또 하나의 추억은 지방에 있는 어느 공기업에서의 강의였다. 내가 먼저 강의실에 도착하여 시작 시간을 기다리고 있는데 뒤이어 교육 담당이 기관장을 안내하며 들어오면서 나에게 상호 인사 소개를 시켰다. 그런데 어째 무언가 조금 이상한 느낌을 받았다. 기관장이 본인 소개를 하며 명함을 교환하는 짧은 찰나였지만 필요 이상의 너무도 정중한 모습에 잠시지만 나 역시 조금은 긴장할 수밖에 없었다.

그러나 곧바로 그 이유를 알 수 있었다. 이어지는 기관장의 인사말에서 본인도 ROTC 출신으로 나보다 3기 후배라고 했다. 분명 내 프로필을 먼저 보았을 것이고 오늘 강사가 선배임을 알고 있었으니 나올 수 있는 모습이었다. 일반인들은 잘 모르겠지만 우리 동문끼리는 이런 모습이 통상 일반적이다. 강의가 끝난 후 그분의 강평이 더 훈훈했다. "괜히 보병학교 교수법 1 등이 아니었습니다!"

강의와 관련되어 이러저러한 개인적 삶의 현장을 두루 소개하였다. 앞으로도 이전보다 훨씬 더 많은 현장의 에피소드가 계속 나올 것이다. 진정 바라는 것은 나의 강의를 통해 많은 공직자가 청렴에의 의지를 더욱 공고히 하여 진정한 청렴사회 구축에 커다란 기여를 했다는 평가를 받고 싶다. 그러한 목표 달성을 위해 다시 한번 초심에의 뜻을 잃지 않도록 스스로에게 굳센 다짐을 해본다.

생각해 볼 거리 ➡ 나는 위기의 순간들을 어떻게 극복해 왔을까?

6
무엇으로 사는가
– 청렴이라는 나침반

법정 스님의 말씀 중에 위 그림에서와 같은 내용이 있다. 우리가 살아가는 데 있어 이디로 기야 할지 그 방향을 일러주고 있어 좀 더 세심히 살펴보고자 한다.

사람이란 필요에 따라 살아야지 욕망에 따라 살아선 안 된다고 했다. 청렴을 추구하는 우리공직자들에게 실로 금쪽같은 말이다. 요즈음은 일반 시장에서 판매하는 의류의 품질도 대단히 뛰어나다. 그러나 적어도 나는 가격이 훨씬 더하더라도 명품점 등에 가서 모양 있는 옷을 꼭 구입해 입어야 직성이 풀린다면 이는 필요가 아닌 욕망에 의한 결과이다. 물론 나의 경제 여건이 그 정도는 충분히 감당할 수 있다면 또 별문제다. 그렇지도 못한데 남들이 하니까 나도 따라간다는 것은 결코 옳은 방법은 아니다. 옷이란 필요해 입는 것이지 욕망을 채우기 위해 입는 것은 분명 아니기 때문이다.

따라서 그런 옷은 없어도 좋을 분수 바깥의 욕구이다. 특히 우리 공직자가 바로 이러한 점에 대해 절대적으로 생각해 볼 것은 본인 분수를 넘어서는 허황된 탐욕은 결국 부정과 이어지는 연결고리가 될 수 있다는 가능성이다. 따라서 필요한 만큼만 취하고 그 이상은 굳이 더 갖지 않아도 좋다는, 보다 폭 넓은 청빈정신을 우리 모두 가져야만 하겠다. 바로 우리가 품어야 할 삶의 지표이다.

이어 하나가 필요할 때 둘을 가지려 하지 말라 했다. 이 둘을 다 갖게 되면 그 하나마저 잃게 되기 때문이라는 것이다. 바로 이러한 모습을 실감 나게 보여주는 부류가 있다. 바로 국회의원이다. 우리는 언론을 통해 잊을 만하면 또 반복되어 보고 듣게 되는 것이 국회의원의 일탈된 부정행위 소식이다. 물론 이런 비리 의원이 전체 의원에 비해 소수이긴 하지만 심심치 않게 재발되는 까닭에 아무래도 고운 시선으로 바라보기 쉽지는 않다.

국회의원이라 하면 대한민국 최고의 명예로운 선출직이다. 의원 또한 분명한 공직자이기에 당연히 청렴의 의무가 있다. 일반 공직자와 마찬가지로 제일 중요한 덕목은 명예다. 그것도 국민들이 직접 표를 주어 갖게 된 신분이기에 그 명예는 더더욱 빛을 발한다. 앞서 근로자의 평균연봉을 설명하면서 돈은 걱정하지 않을 만큼 국가가 지급한다고 했다. 특히 국회의원은 일반 공직자와는 비교도 안 될 만큼 훨씬 많은 세비를 받고 있다.

따라서 의원은 아무런 돈 걱정 없이 명예만 지키면 된다. 즉 하나가 필요할 때 둘을 가질 필요가 없는 상황이다. 그런데 이 명예와 돈 둘을 다 가지려다 결국은 둘 다 잃고 마는 우매한 모습을 국민들은 지속해서 보게 된다. 이런 비리 의원들을 보면서 더욱 안타까운 점은 이왕 잘못을 저질렀으면 깨끗하게 인정하고 사과를 하는 경우를 정말 찾아보기 힘들다는 점이다. 오히려 본인은 "정치탄압을 받았네", "정치검사의 표적수사에 걸렸네" 하며 구차스러운 변명으로 일관하니 이를 바라보는 국민들의 심정은 과연 어떠하겠는가.

　나는 그런 비리 의원들에게 이러한 충고를 해주고 싶다. 제일 먼저 정말 깨끗한 청렴의식을 갖는다는 것은 지극히 당연하다. 그러나 순간의 유혹에 넘어가 비록 실수를 했을 때 적어도 이런 말을 꼭 듣고 싶다. "저를 뽑아 주신 지역구 여러분, 그리고 국민 여러분. 제가 잠시 눈이 멀어서 해서는 안 될 실수를 저질렀습니다. 진정 죄송하며 저를 끝으로 다시는 우리 국회에서 이 같은 일이 재발되지 않도록 동료 의원 모두 청렴국회에 앞장 서주시길 간곡히 부탁드립니다" 이렇게!
　하긴 그토록 많은 말의 향연이 쏟아지고 있는 국회 속에서 '청렴국회'라는 말은 거의 들어본 기억이 없는 것 같다.

청렴 실천 팁 ➡ 욕망 추구를 떠나 필요에 의한 삶을 살자!

7
흔들려서도 멈춰서도 안 될 청렴의 길

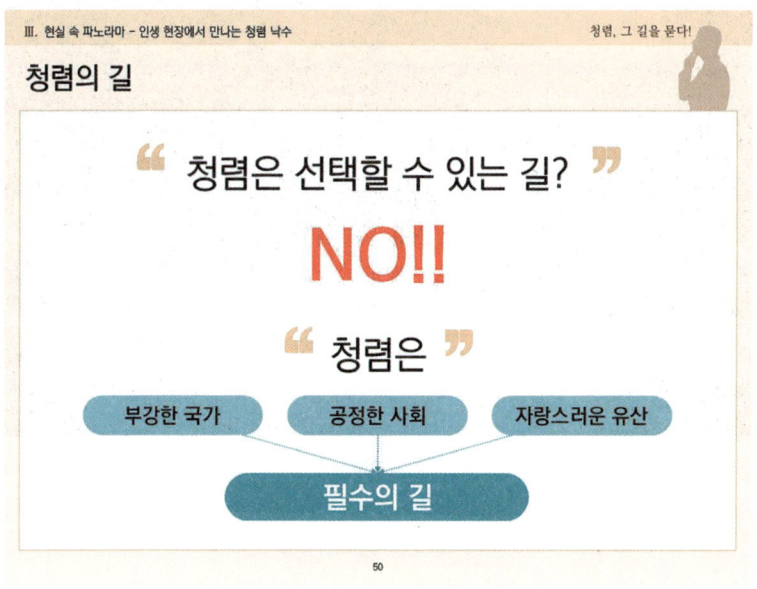

지금까지 청렴이라는 실체에 대해 다양한 각도에서 심층적인 조명을 비추어 보았다. 그러면 과연 이 청렴으로 가는 길은 좋다면 취하고, 싫다고 해서 버리는 그런 선택이 가능한 길일까? 단연코 아니다. 청렴은 부강한 국가와 공정한 사회를 이루고, 나아가 자랑스러운 대한민국의 유산을 우리 후손들에게 물려줄 유일무이한 필수의 길이다.

따라서 모든 공직자는 물론 일반인에 이르기까지 인생을 살면서 양 갈래 길이 나올 때 어느 길이 청렴의 길인지 또 어느 길이 가서는 안 될 길인지 현명히 판단하여 신중하게 들어서는 분별심과 통찰력을 언제나 유지해야만 하겠다.

우리 꼭 만들어 갑시다.

해서 우리 모두 혼연일체가 되어 대한민국이 명실공히 청렴한 세상, 청렴한 국가로 탈바꿈되도록 우리의 모든 열과 성을 아낌없이 쏟아내자.

그런 청렴한 세상, 바로 지금 우리가 꼭 만들어 나갑시다!!!

8

서시(序詩)
−영원한 청년 시인, 청렴을 노래하다

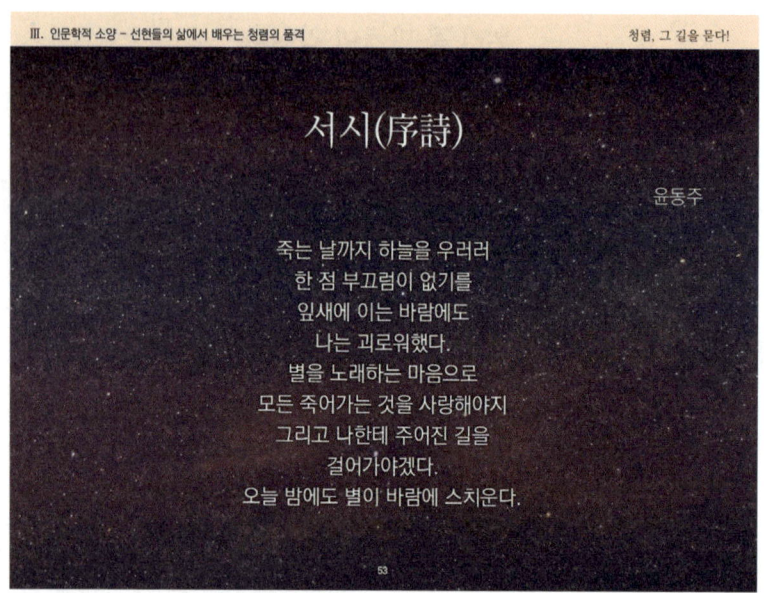

이제 라스트 댄스를 출 종착역에 도착했다. 이 라스트 댄스에선 나와는 굳이 거리가 먼 춤사위 대신 시 하나를 낭송하려 한다. 남녀노소 모두가 무척 좋아하는 윤동주 시인의 대표시라 할 바로 「서시」이다.

시인은 잘 알려진 대로 1945년 2월 16일 일본 후쿠오카에 있는 한 형무소에서 정체 모를 주사약을 맞고 생을 마감하게 된다. 이름하여 마루타 실험이었다. 불과 몇 개월만 더 버티었으면 해방된 조국을 보셨을 텐데 안타깝게도 27세라는 영원한 청년의 나이로 순국하신 것이다.

그런데 이 시인과 내가 어떤 텔레파시가 통했다. 2020년대에 누군가 청렴에 대해 강의를 할 것인데 내가 이 청렴에 딱 맞는 시 하나를 남길 테니, 강의를 모두 마치고 제일 나중에 이 시를 낭송하면 좋겠다는 바로 그런 텔레파시다.

일본 교토의 도시샤대에서 열린 '윤동주 명예박사학위 수여식'에 참석한 조카 윤인석 성균관대 명예교수

위 사진은 시인의 순국 80주기를 맞아 지난 2025년 2월 16일 시인의 일본 모교인 도시샤 대학에서 명예박사 학위를 받는 모습이다.

맨 처음 시인이 일본에서 진학한 학교는 1942년 4월 도쿄에 있는 릿쿄대 영문과였으나 같은 해 10월에 이 대학 영문과로 편입학을 했다. 이날 수여식에서 도시샤 대학 측은 윤동주 시인의 시가 만들어 내는 보편적인 힘은 국가와 시대의 차이를 뛰어넘는다는 추모와 함께, 일본경찰에 체포되어 숨지게 되기까지 대학 측이 지키지 못한 미안함을 담은 특별한 결정이라고 설명했다.

이제 이 시를 낭송한다.

서시

윤동주

죽는 날까지 하늘을 우러러

한 점 부끄럼이 없기를

잎새에 이는 바람에도

나는 괴로워했다.

별을 노래하는 마음으로

모든 죽어가는 것을 사랑해야지

그리고 나한테 주어진 길을

걸어가야겠다.

여기에서 나한테 주어진 길이란 과연 어떠한 길을 의미할까? 당연히 우리가 가지 않으면 안 될 청렴의 길, 바로 그 길이다.

오늘 밤에도 별이 바람에 스치운다.

맺음말

　지난 2019년 청렴전문강사 자격을 획득하고 나서 갖게 된 첫 소감은 '원하는 바를 이루었다'였다. 33년간의 공직생활을 모두 마치고 정년퇴임을 하게 되니 이제 무엇을 할 것이며 남은 인생은 또 어떻게 살아가야 할지 딱히 어떤 방향이 떠오르지 않았다.

　정확히 20년 동안 하루 4시간의 전철 통근을 감내하며 쌓아온 독서량을 바탕으로, 인문학 강의를 해보자는 나름의 계획은 있었다. 그러나 그것은 나의 일방적인 짝사랑일 뿐, 현실은 결코 녹록지 않았다. 완전히 무명인 데다 강의 경력조차 전혀 없는 초보 강사가 설 수 있는 자리는 솔직히 존재하기 어려웠다. 겨우겨우 동냥 젖 구걸하듯 가까운 지인들을 닦달하며 사람들을 모아 몇 번의 실로 너무도 힘든 강의를 진행하면서, 도저히 '이것은 아니다'라는 결론을 내릴 수밖에 없었다.

　그렇게 해서 눈을 돌려 찾게 된 것이 바로 이 청렴전문 강사직이었다. 그렇게 1년여의 벅찬 도전 끝에 결국은 청렴전문강사가 되면서 굳이 일부러 수강자를 모으는 고단함도, 또 강의 장소를 구해야 한다는 현실적인 어려움도 한꺼번에 모두 해결되었다. 반부패 관련 교육이 대한민국 모든 공직자가 의무적으로 받아야 하는 법정교육이 되다 보니 오롯이 강의만 잘하고 오면 되었다. 이제는 안정적인 강의를 하게 되었다는 깊은 안도의 한숨을 내쉴 수 있던 것이 바로 청렴강사 초창기의 그런 모습이었다.

기존에 갖고 있던 인문학적 개념을 딱딱하기 이를 데 없는 반부패 관련법 강의에 도입하면서 수강자들의 열기 높은 반응이 이어져 나왔고 이제는 확실한 궤도에 올라왔다는 현실에까지 이르게 됨이 분명해졌다.

그렇게 우여곡절의 과정을 거치면서 안정적인 강의를 하게 되었다는 초기의 마음상태에 강의 횟수가 늘어가고 현장에서의 반응이 기대 이상을 보여주면서 자연스럽게 어떤 변화가 일어났다. 그것은 바로 적성에 딱 맞는 일을 계속할 수 있고 더불어 소소한 보람까지 느낄 수 있다는 협의의 만족감을 넘어, 70을 막 넘긴 이 나이에도 진정 국가와 사회를 위해 이 한 몸 모두 바칠 수 있다는 광의의 사명감이 온몸을 휘감는 그런 바뀜이었다.

그렇다. 현재의 나에게 있어 청렴강의의 의미는 단순한 직업적 일거리도 아니고, 그렇다고 돈과 명예를 구하는 세속적인 자기만족은 더더욱 아니다. 지금까지 나를 이만큼 키워준 국가와 사회에 보다 분명한 보답을 하고, 점점 혼탁해 가는 우리 사회를 미약한 힘이나마 올바른 방향으로 이끌어야 한다는 처절한 소명감, 바로 그것이다.

그렇게 주사위는 던져졌다. 비록 이 길이 아무리 험난하고 또 어떠한 어려움이 있더라도 반드시 가지 않으면 안 되는 길임을 온몸으로 받아들이고 있다. 이것은 나 스스로와의 약속이며 더 나아가 내게 주어진 피할 수 없는 운명이다.

우리는 흔히 나이 70을 고희(古稀)라고 일컫는다. 그 어원적 유래는 당나라의 시성인 두보가 인생칠십고래희(人生七十古來稀)라 얘기한 것에서 나온 말로 '사람은 70까지 살기 힘들다'라는 의미이다. 그런데 이 70의 나이를 공자는 논어에서 '종심(從心)'이라고 표현했다. 이것은 '칠십이종심소욕불유구(七十而從心所欲不踰矩)'에서 나온 말로, 칠십이 되면 어떠한 말이나 아무런 행동을 하더라도 도덕적 또는 윤리적 경계를 넘지 않고 자신의 욕구와 성향을 따를 수 있다는 의미를 지니고 있다. 즉 이 말의 참뜻은 70이라는 나이에 도달했다 함은 그만큼 사회적 책임이 막중하다는 삶의 위치를 가리키고 있다.

단 한마디의 말에도, 또 아주 가벼운 몸짓 하나에도 후학들에게 모범이 되고 길잡이가 되어야만 한다는 무겁기 한량없는 세월의 납덩이를 이고 가는 것 그 자체라 할 수 있다.

이제 이 길을 나는 선택했다. 대한민국 방방곡곡을 내 집처럼 다니며 후배 공직자들은 물론 일반 국민에 이르기까지 청렴에의 혼을 한껏 불어넣고 싶다. 청렴은 어떤 특별한 모습을 지닌 것이 아니다. 인간이 인간답게 살아가기 위한 가장 기본적인 자세가 바로 청렴이다.

70 평생을 살아오면서 이 단순하기 그지없는 기본을 지킨다는 것이 얼마나 어려운 것인가를 처절하게 절감했다. 해서 우리 후학들에게 이러한 실존적인 경험을 전수하여 맑고 밝은 아름다운 공직사회를 이루는 데 앞장서고 싶다.

이렇게 해서 우리 대한민국이 정말 반듯한 나라가 되어 국조 단군 할아버지께서 품으셨던 홍익인간의 가없는 사랑을 K-한류가 전 세계에 펼쳐지듯 지구촌 모든 인류에게 골고루 스며들게 했으면 좋겠다. 바로 이것이 나를 포함한 모든 공직자가 다 함께 가야 하는 길, 바로 우리 대한민국의 **청렴의 길**은 아닐까?

본문 제일 끝에서 소개했던 윤동주 시인의 서시 중 마지막 구절, **'오늘 밤에도 별이 바람에 스치운다'**가 불현듯 머릿속을 스치운다.

출간후기

권선복 | 도서출판 행복에너지 대표

책을 낸다는 것은 한 편의 시를 세상에 띄우는 일과도 같습니다. 작은 씨앗처럼 보이지만, 그 속에는 저자의 삶과 철학, 그리고 우리 사회가 잊어서는 안 될 가치가 고스란히 담겨 있습니다. 청렴 인문학『청렴, 그 길을 묻다!』는 바로 그러한 책으로, 단순히 지식을 전하는 글이 아니라 독자의 마음에 맑은 샘을 일으키는 울림을 전해 줍니다.

오늘 우리가 살아가는 시대에 가장 절실히 필요한 덕목은 바로 청렴입니다.『청렴, 그 길을 묻다!』는 도덕적 당위를 넘어, 역사와 철학, 인간의 삶 속에서 청렴이 어떻게 공동체를 지탱하고 인간의 품격을 세워온 힘이었는지를 보여줍니다. 책장을 넘길 때마다 독자의 가슴은 투명한 강물이 흐르듯 맑아지고, "바르게 살아야 한다"라는 조용하면서도 강력한 메시지가 스며듭니다.

특히 이 책은 우리 사회의 대표적 명강사 박종성 저자의 삶과 사유가 집약된 결정체입니다. 저자의 강의를 접한 이들은 하나같이 "가슴이 뜨거워지고, 마음이 정화되었다"라고 고백합니다. 그 분의 언어는 단순한 지식 전달이 아니라 삶을 변화시키는 울림이자, 사람을 바로 세우는 힘입니다. 이번 저술은 명강사 박종성 선생님께서 오랜 경험과 철학을 정수처럼 모아낸 귀한 결실이며, 독자들에게는 다시없는 선물이 될 것입니다.

　출판인의 길을 걸으며 많은 책을 만들었지만, 『청렴, 그 길을 묻다!』는 저 자신에게도 특별한 성찰과 다짐을 주었습니다. 원고를 읽고 다듬는 과정은 곧 저를 비추는 거울이 되었고, 저 역시 "나는 얼마나 청렴한가, 나는 얼마나 바르게 살아가고 있는가?"를 끊임없이 묻게 했습니다. 좋은 책은 지식을 넘어 영혼을 비추는 등불이라는 사실을, 이 책을 통해 다시금 확신하게 되었습니다.

　책 『청렴, 그 길을 묻다!』가 독자 여러분의 삶 속에 맑은 샘이 되어 스며들기를 바랍니다. 그 씨앗이 가정과 직장, 더 나아가 사회 전체로 퍼져나가 투명하고 따뜻한 숲을 이루기를 소망합니다.

　끝으로, 청렴이라는 위대한 가치를 글과 강의로 나누며 우리 사회에 참된 울림을 전해 주시는 명강사 박종성 저자께 깊은 존경과 감사의 마음을 드립니다. 이 책이 대한민국의 현재와 미래에 바른길을 비추는 등불이 되기를, 그리고 독자 한 분 한 분의 마음속에서 아름다운 변화가 꽃피기를 간절히 기원합니다.

좋은 **원고**나 **출판 기획**이 있으신 분은 언제든지 **행복에너지**의 문을 두드려 주시기 바랍니다.
ksbdata@hanmail.net   www.happybook.or.kr   문의 ☎ 010-3267-6277

'행복에너지'의 해피 대한민국 프로젝트!

〈모교 책 보내기 운동〉 〈군부대 책 보내기 운동〉

한 권의 책은 한 사람의 인생을 바꾸는 힘을 가지고 있습니다. 한 사람의 인생이 바뀌면 한 나라의 국운이 바뀝니다. 그럼에도 불구하고 많은 학교의 도서관이 가난하며 나라를 지키는 군인들은 사회와 단절되어 자기계발을 하기 어렵습니다. 저희 행복에너지에서는 베스트셀러와 각종 기관에서 우수도서로 선정된 도서를 중심으로 〈모교 책 보내기 운동〉과 〈군부대 책 보내기 운동〉을 펼치고 있습니다. 책을 제공해 주시면 수요기관에서 감사장과 함께 기부금 영수증을 받을 수 있어 좋은 일에 따르는 적절한 세액 공제의 혜택도 뒤따르게 됩니다. 대한민국의 미래, 젊은이들에게 좋은 책을 보내주십시오. 독자 여러분의 자랑스러운 모교와 군부대에 보내진 한 권의 책은 더 크게 성장할 대한민국의 발판이 될 것입니다.

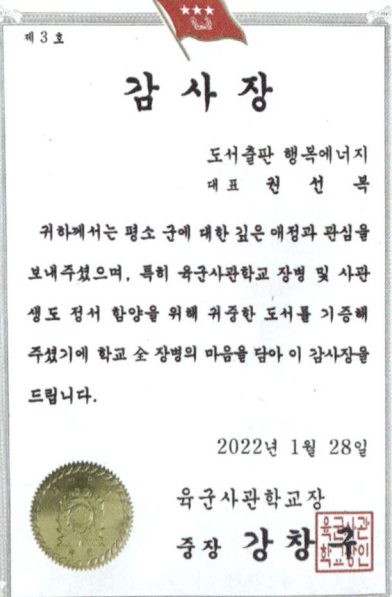